Le Siècle.

ÉLIE BERTHET.

NOUVELLES ET ROMANS CHOISIS

LE

VALLON SUISSE

PARIS
BUREAUX DU SIÈCLE
RUE CHAUCHAT, 14

A. VIALON. DEL. J. GUILLAUME SC.

On trouve encore dans les bureaux du Siècle

HISTOIRE DES DEUX RESTAURATIONS (DE 1813 A 1830), par M. ACHILLE DE VAULABELLE.
Huit volumes in-8°. — Prix : 40 fr., et 20 fr. seulement pour les abonnés du journal le Siècle.
HISTOIRE DE LA RÉVOLUTION DE 1848, PAR M. GARNIER-PAGÈS.
Huit volumes in 8°.—Prix : 40 fr., et 20 fr. seulement pour les abonnés du journal le Siècle.
Ajouter 50 c. par volume pour recevoir *franco* par la poste.
Afin de faciliter aux abonnés l'acquisition de l'un ou l'autre de ces ouvrages importants, il leur sera loisible de se les procurer par part
de deux volumes chaque, au prix de 5 fr. pris au bureau, et de 6 fr. par la poste

Élie Berthet.

LE

VALLON SUISSE

I

LE FUGITIF.

La canonnade et la fusillade avaient retenti toute la journée dans les montagnes qui entourent le village de Rosenthal, près du lac de Zurich, en Suisse. On était alors au mois d'août 1799 ; les Français soutenaient contre les Austro-Russes une de ces guerres de géans qui sont la gloire de l'époque. Le bruit qui frappait de terreur des contrées toujours si paisibles résultait d'un engagement entre un détachement de l'armée de Masséna et un petit corps de l'armée autrichienne, commandé par l'archiduc Charles, manœuvrant alors pour s'emparer de la ville de Zurich. La lutte avait été opiniâtre, à en juger par les détonations incessantes répétées par l'écho des rochers ; des nuages de fumée blanchâtre s'élevaient sans relâche du fond des gorges comme d'autant de volcans en éruption. Cependant, vers les quatre heures du soir, les décharges cessèrent peu à peu, et bientôt on n'entendit plus que de rares coups de feu, semblables à ceux que tirent en temps ordinaire les chasseurs à l'affût.

Le combat était fini, mais quels étaient les vainqueurs ? Voilà ce qu'ignoraient les bons habitans de Rosenthal ; et, en l'absence de nouvelles positives, ils se livraient à des inquiétudes exagérées. La plupart s'étaient cachés avec leurs femmes et leurs enfans dans la pièce la plus retirée de leurs jolis chalets. Les fileuses et les dentellières ne se montraient plus sur les balcons de bois avec leurs costumes pittoresques et leurs grands yeux bleus ; les enfans demi-nus ne jouaient plus dans l'étroite rue du village. A peine si un volet s'entr'ouvrait timidement par intervalles pour épier un passant qui revenait en se glissant le long des maisons, après avoir poussé une reconnaissance jusqu'à l'autre extrémité de Rosenthal.

La journée avait été brûlante. Un vieillard d'aspect vénérable, portant le petit manteau noir et le rabat de pas-

teur protestant, s'était assis sur un banc de pierre à la porte de sa maison, et aspirait un peu d'air frais venu du lac, malgré les avertissemens charitables de ses tremblans voisins. Cependant, depuis plus d'un quart d'heure déjà, sa témérité restait impunie, quand des voix effrayées crièrent tout à coup derrière lui :

— Les Français ! les Français !

Cette fois le bonhomme se leva précipitamment et posa la main sur le bouton de sa porte ; mais, avant d'entrer, il eut la curiosité de jeter un regard vers la route par laquelle devait arriver l'ennemi.

Il attendit encore un instant, et rien ne paraissait. Il croyait déjà à quelque fausse alerte, comme les poltrons de Rosenthal en avaient donné plus d'une dans le cours de la journée, quand un individu porteur d'un uniforme français se montra réellement à peu de distance.

C'était un capitaine de grenadiers, jeune et bien fait, mais en fort piteux équipage. Ses vêtemens étaient déchirés, couverts de poussière ; sa tête n'avait d'autre coiffure que ses longs cheveux dénoués et sans poudre. Une de ses mains, qu'il tenait appliquée contre sa poitrine, était souillée de sang, ainsi que la manche de son habit ; sous l'autre bras il portait un sabre nu, dont la dragonne d'argent était comme hachée. Une de ses épaulettes, atteinte sans doute par une balle, retombait en arrière et pendait au bouton. Il marchait avec effort, retournant fréquemment la tête, comme s'il eût craint d'être poursuivi.

Le ministre s'attendait à voir paraître quelques soldats à la suite de l'officier ; mais, à son grand étonnement, il reconnut bientôt que le prétendu conquérant de Rosenthal était complétement seul. Ne croyant rien avoir à craindre d'un homme évidemment épuisé de fatigue et blessé, il ne songea plus à rentrer chez lui, et demeura sur le seuil de sa porte pour voir ce qui allait arriver.

Le Français fit halte à l'entrée du village, fort embarrassé de savoir s'il devait avancer ou revenir sur ses pas. Toutes ces maisons fermées et silencieuses n'avaient pas un aspect bien hospitalier, et il était dangereux de s'engager au milieu d'une population hostile peut-être. D'un autre côté, le pauvre militaire, à en juger par sa pâleur et son épuisement apparent, se trouvait tout à fait dans l'impuissance d'aller plus loin.

Sa perplexité se manifestait dans sa contenance, sans toutefois dégénérer en crainte puérile. Pendant qu'il réfléchissait au meilleur parti à prendre, son air ouvert et martial, une sorte de dignité répandue dans toute sa personne et annonçant un homme bien né, avaient disposé en sa faveur l'honnête pasteur de Rosenthal. Celui-ci fit un mouvement qui attira l'attention de l'inconnu.

En apercevant un vieillard de bonne mine et décemment vêtu, l'officier s'avança rapidement vers lui, porta la main à son front pour formuler un salut militaire, et demanda dans un allemand assez peu orthodoxe :

— Ne pourriez-vous, meinherr, accorder dix minutes de repos et un verre d'eau, dans votre maison, à un soldat blessé ?... Je compte ne vous causer aucun embarras, et je suis prêt à vous dédommager de vos peines.

— Volontiers, monsieur, — répliqua le pasteur, en français ; — mais, dans votre intérêt même, je dois vous adresser une question...

— Ah ! vous parlez français ? — s'écria l'officier dans sa langue maternelle, pendant que son visage s'épanouissait ; — à la bonne heure ! Eh bien ! dites vite, car ces maudits Autrichiens ne nous laisseront probablement guère le temps de causer.

— En deux mots, les Français ont-ils été vainqueurs ou battus là-bas, au défilé de l'Albis ?

— Est-ce à dire que si le sort nous avait été contraire, vous me fermeriez votre porte ? — demanda le capitaine avec un sourire jovial ; — je reconnais là la prudence ordinaire de vos compatriotes ; ils n'aiment pas à se compromettre.

— Peut-être les jugez-vous mal, ainsi que moi... Je vous le répète, cette question est toute dans votre intérêt.

— Eh bien ! supposez que nous ayons fait une immense fricassée de Kaiserlichs à ce damné poste de l'Albis ; mais qu'enfin, accablés sous le nombre...

— Ainsi donc vous êtes en retraite ?

— Je n'en disconviens pas, et j'avouerai même que je ne suis pas en état d'aller bien loin.

— Mais du moins vous avez connaissance de quelque corps d'armée auquel vous pourriez vous rallier d'ici à ce soir ?

— Malheureusement non ; mes grenadiers et moi nous formions l'arrière-garde, et l'ennemi occupe les passages entre ce village et la division du général Lecourbe, à laquelle j'appartiens.

— Eh bien ! ne pourriez-vous réunir quelques-uns de ces soldats que vous commandiez pour tenter ensemble, de vous faire jour jusqu'à votre division ?

— Impossible ! ils sont tous morts.

— Que me dites-vous ? — demanda le ministre avec horreur.

— La vérité... J'avais ordre de retenir l'ennemi le plus longtemps possible dans les gorges de l'Albis, et j'ai exécuté fidèlement ma consigne. Nous avons été canonnés la journée entière dans notre petite redoute, tant et si bien que je me suis aperçu, il y a une heure, qu'il me restait à peine six hommes debout... Nous étions cernés, on nous criait de nous rendre... Bah ! nous avons sauté par-dessus les palissades, et nous avons cherché à nous ouvrir passage le sabre à la main. Mes pauvres diables de grenadiers y sont tous restés ; moi seul j'ai eu la chance de m'en tirer, sans trop d'éclaboussures ; ce n'est pas ma faute ; car, sur ma parole ! j'ai espadonné avec plus d'un de ces mangeurs de choucroute, et... Mais en voilà assez, — interrompit l'officier d'un ton d'humeur ; — êtes-vous enfin disposé à m'accorder ce que je vous demande, ou faut-il aller chercher plus loin, au risque de ne pas trouver ?

— Entrez, entrez, brave jeune homme, — dit le prêtre protestant avec émotion ; — ce n'est pas pour moi que j'ai des craintes.

Il introduisit le Français dans une salle basse, et appela sa fille, qui accourut avec empressement. Une bouteille d'un vin généreux fut apportée sur la table, tandis que le vieillard déchirait lui-même les bandes de toile pour envelopper le bras blessé. En quelques minutes les secours les plus nécessaires furent prodigués à l'étranger.

— Malheureusement vous ne pouvez rester ici, — reprit le pasteur en achevant sa tâche ; — les Autrichiens vont sans doute s'emparer du village, et je m'attends à voir d'un moment à l'autre paraître leurs fourriers.

— C'est probable, — répliqua le Français avec sang-froid ; — c'est même certain.

— Comment le savez-vous ?

— Oh ! mon Dieu ! rien de plus simple... les Autrichiens m'ont donné la chasse, ils m'ont vu me diriger de ce côté, et ils savent que je ne puis aller bien loin ; aussi suis-je étonné qu'ils ne soient pas encore venu me relancer ici.

— Quoi ! jeune homme, pouvez-vous parler ainsi d'un danger aussi grand ? Il faut partir sans retard.

Le capitaine achevait de vider à petits coups un verre de bordeaux dont la chaleur ramenait déjà un léger incarnat sur ses joues pâles.

— Hem ! — dit-il gaiement en se renversant dans son fauteuil de bois de sapin, — le gîte n'est pas des plus mauvais, le vin est un bouquet délicieux, et l'hôtesse, — continua-t-il en fixant ses yeux un peu effrontés sur la grande et blonde Suissesse qui le servait, — est aussi fraîche qu'avenante ; ma foi ! j'ai envie d'attendre les Kaiserlichs.

Cette détermination, appuyée sur de semblables motifs, fit froncer le sourcil au vieux ministre.

— Quoi ! monsieur, — demanda-t-il, vous résignez-vous si aisément à être envoyé comme prisonnier de guerre dans quelque bourg misérable de la Croatie, ou dans les sombres forteresses des bords du Danube ?

— Vilaine perspective en effet, monsieur. Mais ne pouvez-vous me cacher ici dans quelque coin, dans quelque armoire, jusqu'à ce que ces maudits Allemands soient passés ?

— Il n'y faut pas penser ; ma maison est petite et ne contient aucune retraite sûre ; d'ailleurs, les gens du village, postés derrière leur fenêtre, vous ont vu entrer chez moi, et ils vous trahiraient inévitablement... Enfin, monsieur, je suis seul ici avec ma femme, vieille et infirme, couchée dans la chambre qui est au-dessus de nous, et ma fille Claudine, que vous voyez : voudriez-vous nous exposer aux vengeances d'une soldatesque irritée, si l'on venait à vous découvrir ?

— Vous avez raison, — répliqua le Français en se levant avec vivacité, — votre bonne action pourrait alors avoir pour vous et pour votre famille les conséquences les plus graves... Je me retire donc, et je vous prie de recevoir mes remercîments pour les secours que vous m'avez donnés dans ma disgrâce.

Il salua le père et la fille et se dirigea vers la porte ; mais le pasteur, rassuré par ce généreux procédé, le retint doucement :

— Un moment, un moment, — dit-il avec bienveillance ; — je ne peux vous garder ici, mais je n'en suis pas moins disposé à vous rendre tous les services qui dépendront de moi. Où comptez-vous aller ?

— Ma foi ! je n'en sais rien, ce pays m'est inconnu : je marcherai à l'aventure ; j'irai tant que je pourrai pour échapper aux Autrichiens ; mais, s'ils m'attrapent, il faudra bien prendre en patience les bourgs de Croatie et les forteresses du Danube.

Le ministre réfléchit un moment.

— Si seulement, — reprit-il enfin, — vous aviez la force de faire deux lieues dans les montagnes, par des chemins difficiles, je vous conduirais en peu d'heures à Zurich.

— Ce serait trop demander à mes pauvres jambes, — dit l'officier tranquillement. — La présence de votre charmante fille et votre délicieux bordeaux m'ont un peu ranimé ; mais trente-six heures de veille, douze heures de combat acharné, et une blessure, peu grave il est vrai, mais qui a saigné depuis ce matin, me rendent tout à fait incapable d'un pareil effort; il faut chercher autre chose. Voyons, n'existe-t-il pas dans le voisinage quelque chalet bien isolé, exhalant à une lieue à la ronde une odeur de fromage et de vacherie, où l'on puisse me cacher pendant un jour ou deux? Ma venue sera une bonne fortune pour 'honnête Suisse qui m'accorderait l'hospitalité, car ma bourse est bien garnie.

— Les maraudeurs allemands vont se répandre dans la campagne, et vous seriez infailliblement découvert... Cependant il y a par ici quelqu'un qui pourrait peut-être, s'il le voulait, vous accorder une retraite sûre...

— Quel est ce personnage?

— Un homme paisible qui habite, à un quart de lieue de ce village, un endroit introuvable pour d'autres que des gens du pays, On le croit Français, car il parle fort bien votre langue, et il est de la religion catholique. Peut-être serait-il possible de l'intéresser à un compatriote; mais sa bizarrerie ne permet de compter sur rien de certain.

— Et d'où vient cette bizarrerie?

— Dieu le sait, monsieur; c'est un solitaire, aux habitudes mystérieuses, qui disparaît de sa demeure souvent pendant plusieurs jours sans qu'on puisse dire où il va. Néanmoins, comme il est obligeant, charitable...

— Mon père, — interrompit une jeune fille tout effarée en refermant la porte de la maison, — voici les soldats de l'empereur qui arrivent!

— Où est mon sabre? — s'écria l'officier.

Le pasteur lui arracha l'arme meurtrière.

— Y pensez-vous, monsieur? — dit-il; — la résistance en pareil cas serait de la folie... Allons, il n'y a plus à hésiter; suivez-moi.

— Où donc?

— Au chalet de monsieur Guillaume, la personne dont je vous parlais tout à l'heure... Mais attendez, il est bon de prendre quelques précautions.

Il jeta sur ses épaules du capitaine un petit manteau noir, de manière à cacher complétement son uniforme, et il lui couvrit la tête d'un chapeau à larges ailes. Ainsi accoutré, le jeune et sémillant Français ne ressemblait pas mal à un puritain génevois, et d'autres que d'épais soldats autrichiens eussent pu s'y laisser prendre à distance. Le vieillard lui rendit aussi son sabre, en lui recommandant de le cacher avec soin et de ne s'en servir dans aucun cas. Puis il ouvrit une porte de derrière qui donnait sur un petit jardin fleuri, et invita son hôte à l'attendre, pendant qu'il irait s'assurer si le passage était libre de ce côté.

L'officier se trouva donc une minute seul avec la jolie Claudine, qui avait regardé bouche béante sa transformation.

— Mademoiselle, — lui dit-il d'un ton de galanterie parfaite, — comment vous exprimer ma reconnaissance de toutes vos bontés?... Je n'en aurais pas besoin cependant pour conserver à jamais le souvenir d'une aussi belle et aussi gracieuse personne.

L'étourdi avait oublié en parlant ainsi que la belle Suissesse entendait fort mal le français. Elle restait toujours immobile, les yeux baissés, les joues rouges de pudeur virginale. L'officier, s'apercevant de sa faute, serra doucement la taille de Claudine de la main qui lui restait, et prit deux gros baisers sur ses joues rebondies. Il était sûr au moins que ce langage-là serait compris.

En ce moment le vieillard rentra; il n'avait rien vu.

— Partons, partons, — dit-il, — pendant que nous le pouvons encore... Une nuée de Croates va s'abattre sur Rosenthal.

— Me voici, — dit l'officier.

Il salua Claudine encore tout effarouchée de son dernier compliment, et, s'enveloppant dans son étroit manteau, il suivit le pasteur. Après avoir traversé le jardin, ils franchirent une porte en treillis qui s'ouvrait sur la campagne, et ils prirent un sentier qui conduisait aux montagnes.

Ils avancèrent rapidement pendant quelques instans sans prononcer une parole. Ils entendaient derrière eux les cris sauvages des Croates qui déjà envahissaient Rosenthal, et ces détonations isolées qui, en temps de guerre, dénotent toujours l'approche de troupes indisciplinées. En même temps, on frappait des coups furieux aux portes des maisons, et des voix tremblantes répondaient de l'intérieur.

— Hein! — reprit l'officier avec ironie en jetant un regard oblique sur le village, — vos amis les Allemands ne s'annoncent pas chez vous avec une exquise politesse... J'en apprécie d'autant mieux le sentiment généreux qui vous a fait quitter votre demeure, en pareille circonstance, pour servir de guide à un pauvre fugitif.

— Oh! nous n'allons pas loin, et si nous trouvons monsieur Guillaume tant soit peu traitable, je pourrai revenir à temps pour protéger ma famille.... Mais baissez-vous, monsieur, — ajouta le pasteur avec inquiétude; — ne marchez pas droit et fier comme si vous étiez à la tête de votre compagnie un jour de revue du général en chef; cette partie du chemin est malheureusement découverte, et on peut nous voir d'en bas à mesure que nous gagnons la hauteur... Tenez, il y a sur le bord de la route un major autrichien qui nous regarde et qui paraît avoir des soupçons... Baissez-vous, vous dis-je; affectez une contenance humble et inquiète. On nous prendra peut-être pour des ecclésiastiques effrayés de ce tapage et abandonnant leurs ouailles au moment du danger; car, hélas! l'impiété a fait de grands progrès parmi nous, et, dans toutes les sectes chrétiennes, on est assez mal disposé pour les gens d'église. . Fort bien! j'ai deviné juste, car voici l'officier qui s'éloigne en ricanant... Que Dieu lui pardonne son peu de charité si son erreur nous sauve!... Et maintenant, marchons d'un bon pas.

Ils gagnèrent bientôt un enfoncement où ils ne pouvaient être aperçus. Le sol était obstrué de buissons et d'aspérités au milieu desquels le chemin, devenu large et commode, formait mille détours. En face des voyageurs se dressaient des rochers à pic, bizarrement superposés, et des montagnes peu élevées, mais inaccessibles. Aucun bruit de la plaine, alors inondée de gens de guerre, ne parvenait plus dans ce paisible lieu; le murmure d'un torrent qu'on ne voyait pas tant il était profondément encaissé, et les chants du merle de roche troublaient seuls d'une manière poétique le silence de cette solitude.

— Voilà, sur ma parole! un endroit excellent pour une embuscade, — dit l'officier d'un air de connaisseur. — Mais il est inutile que vous alliez plus loin, mon cher guide; je n'ai rien à craindre ici; contentez-vous de m'indiquer la direction à suivre, et retournez bien vite à Rosenthal, car je m'aperçois que, en dépit de vous-même, vous êtes fort inquiet de ce qui se passe là-bas.

— Je ne crois pas le danger si pressant, — répliqua le vieillard d'un ton qui démentait ses paroles; — mais, quoique la maison de monsieur Guillaume ne soit pas fort éloignée d'ici, il vous serait difficile, peut-être, de la découvrir seul.

— Ah çà! — demanda le Français, qui malgré l'insouciance de son caractère n'était pas fâché de recueillir quelques détails sur le personnage de qui allait dépendre sa liberté et peut-être sa vie, — cet homme a donc des raisons bien importantes pour se cacher ainsi?

— Je l'ignore. Peut-être monsieur Guillaume est-il une de ces âmes blessées qui recherchent la solitude après de longues traverses... Comme il paraît peu communicatif, on en est réduit aux conjectures. Il est fort riche, dit-on; mais il répand autour de lui d'abondantes aumônes et se fait aimer de tous ses voisins; aussi on ne le tourmente pas et on le laisse vivre à sa guise.

— Il est seul?

— On ne lui connaît ni parens ni serviteurs.

— Tout cela est fort original, et dans un autre pays on voudrait tirer au clair les affaires de votre monsieur Guillaume... Y a-t-il longtemps qu'il habite ce canton?

— Quinze ans environ.

— Ce ne peut donc pas être un émigré,—répliqua l'officier tout pensif.—Enfin, quel qu'il soit, peu nous importe, s'il se montre hospitalier... Mais, pour Dieu! mon digne monsieur, où m'avez-vous conduit? — ajouta-t-il en s'arrêtant; — l'inquiétude aura sans doute distrait votre attention, et nous nous serons égarés, car il me paraît impossible d'avancer d'un pas de plus de ce côté.

En effet, le chemin était fermé tout à coup par d'énormes rochers tombés des cimes supérieures, et l'on voyait là les traces d'un de ces grands éboulemens si fréquens dans les Alpes. Evidemment la route devait aller autrefois par delà cet obstacle; mais le dernier bouleversement l'avait coupée par une muraille infranchissable de cinquante à soixante pieds de hauteur.

Le ministre protestant, dans son impatience d'arriver, ne laissa pas à son compagnon le temps d'examiner ces ruines imposantes de la nature. Il le prit par la main, et lui montra un sentier latéral que le jeune homme n'avait pas remarqué au milieu des houx et des broussailles.

— Par ici, — lui dit-il en souriant; — nous voici arrivés au val Perdu, et la maison de monsieur Guillaume n'est pas loin.

— Le val Perdu? — répéta le militaire; — le lieu où nous sommes porte-t-il ce nom? ma foi! il le mériterait à plus d'un égard.

— Le val Perdu est là, ou plutôt était là, derrière ces rochers... C'était l'endroit le plus délicieux de la Suisse entière, monsieur. Imaginez un petit vallon, accessible seulement par un côté, et où l'on jouissait d'un printemps presque perpétuel. Les rayons du soleil s'y concentraient, comme cela arrive dans certains cantons favorisés de nos montagnes, et y entretenaient une température méridionale. En tous temps on y voyait de la verdure et des fleurs; la vigne y réussissait à merveille, et l'on m'a assuré que les orangers eux-mêmes y portaient d'excellens fruits. Nos bonnes gens de Rosenthal vous en parleraient encore aujourd'hui comme d'un véritable paradis terrestre, et on lui donnait autrefois en effet le nom de *Paradis*. Ce vallon appartenait à monsieur Guillaume, qui y avait fait bâtir une habitation charmante, et il comptait s'établir. Mais les travaux étaient à peine terminés quand, par une nuit d'orage, on entendit à Rosenthal un bruit épouvantable; la terre tremblait; on eût dit que le monde entier s'écroulait. Le lendemain matin, on apprit qu'un gros rocher s'était détaché pendant la tourmente, et avait comblé le val ainsi que la gorge qui y conduisait. Heureusement monsieur Guillaume était alors absent, car il eût infailliblement péri sous les débris. A son retour, il s'installa au chalet où nous allons te trouver; et depuis ce temps le Paradis s'est appelé le val Perdu.

— Le *Paradis perdu* serait plus dans le goût biblique de vos paroissiens, monsieur le pasteur, — répliqua le voyageur gaiement. — Mais personne n'a-t-il cherché, depuis cette catastrophe, à savoir ce qu'il était advenu de ce joli coin de terre?

— Vous le voyez, monsieur, le défilé est complètement obstrué, et l'on présume que l'éboulement n'a pas épargné l'intérieur du vallon; c'est là du moins l'opinion de monsieur Guillaume, et, en sa qualité de propriétaire, il a dû s'assurer du fait. On n'a donc pas jugé à propos de commencer les recherches, quand celui qu'elles intéresseraient le plus se montre si insouciant à cet égard. Cependant des chasseurs, qui parvinrent un jour jusqu'à la cime d'une des montagnes avoisinant le val Perdu, affirment le contraire. Mais ils racontent des choses si extraordinaires à ce sujet, que leurs récits ne méritent aucune croyance.

— Et qu'ont-ils vu, monsieur? — demanda le Français avec intérêt.

— Toutes sortes de merveilles dignes des *Mille et une Nuits* : des jardins enchantés, des palais de fleurs, des hommes et des femmes changés en pierre; que sais-je?... Mais laissons pour ce qu'ils valent les contes bleus de pareilles gens, — ajouta le ministre avec dignité; — il n'appartient pas à un homme de ma robe de les répéter, et

vous avez autre chose à faire qu'à les écouter en ce moment, car nous voici arrivés chez monsieur Guillaume.

En effet, pendant cette conversation, fréquemment interrompue par les ronces, les crevasses et autres obstacles qui se multipliaient sous les pas des voyageurs, ils avaient tourné la base des rochers, et ils étaient parvenus à un massif de châtaigniers et de hêtres sous lequel s'abritait un petit chalet de simple apparence. Aucun bâtiment d'exploitation, aucune étable n'attenait à cette modeste construction. Le sol était inculte à l'entour, excepté à un angle où l'on entrevoyait, à travers la haie touffue, un informe essai de jardin. Les grands arbres couvraient tout cela d'un ombre épaisse que les rayons du soleil ne pouvaient percer.

A l'approche des étrangers, un chien d'énorme taille, portant au cou un collier hérissé de pointes de fer, s'élança vers eux en grondant; mais, quand il eut reconnu le pasteur, il quitta son air menaçant, et vint frotter son museau contre la main du vieillard. Puis il précéda les visiteurs dans une salle basse où se trouvait le maître du logis.

L'intérieur de la maison n'annonçait pas l'abondance et la richesse dont avait parlé le ministre protestant. Les meubles étaient propres, mais rustiques, comme on en voyait alors chez les fermiers suisses un peu aisés. Monsieur Guillaume lui-même n'avait rien de remarquable dans sa personne. Il ne pouvait avoir dépassé de beaucoup cinquante ans, et il paraissait conserver encore toute la force d'un âge moins avancé. Son visage était frais, blanc et reposé. Un léger embonpoint lui donnait une douce gravité sans l'alourdir. Il portait un habit brun, des culottes de drap à boucles d'argent; ses cheveux étaient soigneusement poudrés. Enfin son extérieur avait une décence, une distinction même qu'on se fût peu attendu à trouver chez un individu ainsi séquestré du monde. Ses lunettes d'argent sur le nez, il compulsait un gros registre à fermoirs de cuivre, et on eût pu le prendre, en tout autre lieu, pour un intendant de bonne maison se préparant à rendre ses comptes à un maître de haut rang.

A la vue des étrangers, il referma son registre et le poussa avec empressement dans un tiroir ouvert à côté de lui; puis, se levant poliment, il s'avança, le sourire sur les lèvres, vers le ministre, à qui il serra la main.

Sans perdre de temps, le pasteur de Rosenthal lui apprit de quoi il s'agissait. A mesure qu'il parlait, la sérénité empreinte sur les traits du solitaire s'altérait visiblement. Monsieur Guillaume examina le jeune officier et parut réfléchir :

— Mon cher monsieur Penhofer, — dit-il enfin, — je m'associerais volontiers à votre bonne action; mais cette maison est bien mal pourvue de ce qui est nécessaire à un blessé, et d'ailleurs nous sommes ici trop près de Rosenthal pour qu'elle offre une retraite tout à fait sûre. Cependant, comme la nuit est proche, je puis offrir un asile à votre protégé jusqu'à demain matin; je suppléerai par ma bonne volonté à ce qui lui manquera. Seulement, entendez bien, jusqu'à demain matin, car...

— Une nuit de repos et de sommeil me suffira, — interrompit le militaire; — je ne veux pas vous être à charge monsieur, plus de temps rigoureusement nécessaire. Demain, aux premières lueurs du jour, je prendrai congé de vous, et j'emporterai une vive reconnaissance du service que vous m'aurez rendu.

Cette réponse parut être du goût de monsieur Guillaume; ses traits reprirent leur bienveillance et leur aménité habituelles.

— Allons! c'est convenu, — reprit le ministre avec satisfaction. — J'étais sûr que nous n'aurions pas compté en vain sur le dévouement de notre voisin. Eh bien! maintenant que vous êtes en sûreté, pour le moment du moins, je vais retourner à Rosenthal, où ma femme et ma fille peuvent se trouver fort embarrassées...

— Oui, mon digne protecteur, — dit le Français avec

effusion,—vous avez trop longtemps oublié des personnes chères... Partez donc, et, si nous ne nous revoyons pas, songez que votre souvenir ne s'effacera jamais de ma mémoire.

— A mon tour, monsieur, —demanda le pasteur en lui serrant la main, — ne pourrai-je savoir le nom de celui que j'ai eu le bonheur d'obliger?

— C'est juste, c'est juste. Je m'appelle Armand Verneuil... Le capitaine Verneuil n'est pas tout à fait inconnu dans la 62ᵉ demi-brigade.

Monsieur Guillaume s'avança précipitamment.

— Verneuil! — répéta-t-il. — Ne seriez-vous pas le chevalier de Verneuil, fils de l'amiral du même nom qui est mort en pays étranger?

Ce fut le tour de l'officier de se montrer étonné.

— Auriez-vous connu mon père? — s'écria-t-il.

— Moi? non; seulement j'ai entendu souvent parler de lui là-bas, en France, à Paris.

— A la bonne heure... Eh bien! donc, mon cher monsieur, — continua le militaire, d'un ton moitié gai, moitié sérieux, — si j'ai une prière à vous adresser, c'est de ne pas me chatouiller les oreilles de mon de et de mon titre de *chevalier* pendant les courts instans que nous devons passer ensemble. Quoique nous ne soyons plus au temps où l'on avait la tête coupée pour avoir mis ces petits mots-là devant son nom, il ne serait pas encore prudent de s'en parer à notre quartier général... D'ailleurs, bien avant la révolution, qui a aboli les distinctions de naissance, j'avais jugé à propos d'escamoter le *de* et le *chevalier;* car mon pauvre père, en me laissant orphelin, ne m'avait pas donné les moyens de soutenir convenablement l'un et l'autre... Mais cette discussion est oiseuse... Adieu donc, mon vénérable ami. Noble ou non, le capitaine Verneuil n'est toujours pas un ingrat.

Monsieur Penhofer allait partir, quand un léger bruit de pas et un frôlement de feuilles sèches se fit entendre au dehors; la fille du ministre, la blonde Claudine, les cheveux flottans sur ses épaules, le visage animé par une course rapide, entra tout essoufflée.

— Père, — dit-elle en allemand, — cachez bien vite le Français; les voilà qui viennent.

— Qui donc, mon enfant?

— Les soldats de l'empereur; avant le temps de réciter un psaume ils seront ici.

— Qui ça? les Kaiserlichs? — s'écria Armand stupéfait: — comment diable ont-ils pu me dépister si vite?

La jeune Suissesse parut deviner le sens de ces paroles prononcées en français.

— Il paraît, — répondit-elle les yeux baissés, — qu'ils sont fort exaspérés d'avoir été arrêtés si longtemps au pied de l'Albis par une poignée de Français, et ils en veulent particulièrement à l'officier qui leur a causé tant de mal. Ils l'ont suivi de loin pendant qu'il se dirigeait vers Rosenthal. En arrivant au village, ils ont menacé de tout mettre à feu et à sang si on ne leur livrait le fugitif. Quelques personnes, cachées derrière les fenêtres, avaient vu le Français entrer dans notre maison, et elles se sont empressées de le dire. Les soldats sont venus en force, et ont fait un vacarme horrible, qui m'a grandement effrayée ma pauvre mère et moi; il a bien fallu leur ouvrir, et alors on m'a accablée de questions... Je ne savais que, répondre, quand le major autrichien s'est souvenu qu'en entrant à Rosenthal, il avait vu deux hommes en costume de ministre protestant s'enfuir précipitamment. Aussitôt plusieurs voix se sont écriées que les Français devait être l'un des deux...

— Maudites soient ces traîtresses montagnes, où l'on ne peut faire un pas sans être aperçu de trois lieues à la ronde! — grommela le capitaine.

— Mais comment ont-ils su que nous nous étions réfugiés chez monsieur Guillaume? — demanda le pasteur à sa fille?

— La menace du pillage avait frappé nos voisins de terreur, et ils montraient une grande ardeur pour amener l'arrestation de l'étranger. En apprenant que vous vous étiez enfuis de ce côté, ils se sont écriés que vous étiez chez monsieur Guillaume, et plusieurs se sont proposés pour servir de guides. Le major a accepté et on s'est mis en route... Quant à moi, j'ai profité du moment où l'on ne m'observait plus; je me suis échappée par le jardin, et je suis venue ici toujours courant pour vous prévenir... Les Autrichiens battent les buissons chemin faisant et posent des sentinelles à tous les passages... mais j'ai pris une route connue de moi seule à travers le bois, et, grâce au ciel! je suis arrivée à temps.

En parlant ainsi, elle rajustait son petit jupon court et son fichu légèrement dérangé par les ronces et les épines.

— Vous êtes un ange! *Engel, engel, yungfrau!* — s'écria Armand de Verneuil avec chaleur, en appelant à son secours tout ce qu'il savait d'allemand et en pressant contre ses lèvres les mains un peu rouges de Claudine.

Bientôt des aboiemens furieux s'élevèrent à deux cents pas environ du chalet : c'était Médor qui, après avoir caressé un moment la jolie messagère, était ressorti précipitamment à la découverte.

— Ils viennent, — dit monsieur Guillaume avec anxiété; — il est temps de prendre un parti.

— Ma foi! — reprit le capitaine, — cette chasse à courre commence à me lasser. Je ne veux pas compromettre plus longtemps la sûreté des honnêtes gens qui s'intéressent à moi... je vais me rendre à cet officier ennemi si acharné à me poursuivre, et j'espère encore qu'il respectera en moi le droit de la guerre.

— Il sera toujours temps d'en venir là, si la fuite est réellement impossible, — dit le pasteur.

— *Nicht, nicht, gefangener!* — murmura Claudine les larmes aux yeux.

— Eh bien! donc, faut-il me jeter dans les buissons qui nous entourent, et jouer à cache-cache avec ces enragés?—demanda le Français résolûment; — le jour baisse, et peut-être à la faveur de l'obscurité parviendrai-je à leur échapper... Néanmoins, s'il faut l'avouer, je ne trouverais pas pour le moment grand plaisir à ce jeu.

— Sans compter que vous pourriez y attraper une balle, — répliqua monsieur Guillaume avec gravité, — et vous faire tuer, ce qui serait dommage, car, malgré votre apparente légèreté, vous êtes un bon et brave jeune homme. Il y a un autre moyen.

Au grand étonnement du ministre et de sa fille, il conduisit le capitaine Verneuil dans un coin de la salle, et lui dit tout bas.

— Le danger que vous courez, monsieur, me fait passer par dessus des considérations de la plus haute importance. Je peux et je veux vous sauver... si vous voulez accepter mes conditions.

— Quelles sont-elles?

— C'est que, dans le lieu où je vais vous conduire, vous promettiez de ne jamais ouvrir la bouche pour blâmer ou railler, quelque bizarres que vous paraissent les choses que vous pourrez voir ou entendre; c'est enfin, quand vous en serez sorti, de garder un secret inviolable sur cette aventure.

— Voilà de singulières exigences. Si cependant ma conscience...

— On n'attend rien de vous qui puisse répugner à la conscience d'un honnête homme.

— Eh bien! soit. Ceci est d'un romanesque achevé; mais, comme il n'en pas le choix des moyens de salut, je promets...

— Vous jurez sur votre foi de chrétien?

— Sur ma foi de chrétien!

— Sur votre honneur de gentilhomme?

— Sur mon honneur de gentilhomme et d'officier de la 62ᵉ demi-brigade!

— Il suffit... Préparez-vous à me suivre.

Monsieur Guillaume se rapprocha du ministre et de sa fille.

— Mon bon Penhofer, — dit-il en affectant un air tranquille, — je viens de trouver un expédient pour sauver notre protégé; mais je vous l'expliquerai plus tard, les instans sont précieux... Claudine et vous, vous n'avez rien à craindre des soldats autrichiens. Retenez-les ici pendant cinq minutes comme vous pourrez... Au bout de cinq minutes ne conservez aucune inquiétude, notre ami sera à l'abri de toute poursuite.

— Mais, monsieur, — demanda le ministre, — je ne puis comprendre...

Les aboiemens de Médor devinrent plus furieux et plus rapprochés; puis on distingua des voix humaines, un cliquetis d'armes, un bruit de pas lourds.

— Allons! — dit Guillaume. Et il entraîna Verneuil hors de la maison.

Ils s'enfoncèrent d'abord dans un fourré presque inextricable qui semblait être l'ouvrage de l'homme plutôt que celui de la nature. Après l'avoir traversé, ils se trouvèrent au pied d'un de ces grands rochers qui formaient l'enceinte du val Perdu. Guillaume s'arrêta et posa la main dans une touffe de lierre adhérente au roc; le son faible d'une cloche se fit entendre distinctement au milieu du silence. Les deux hommes attendirent pendant une minute environ. Enfin quelque chose s'agita au-dessus de leurs têtes. Le capitaine leva les yeux avec inquiétude; à une trentaine de pieds du sol, une longue échelle sortait du rocher comme par magie; elle glissa lentement vers la terre et vint s'appliquer toute seule contre la muraille granitique. — Montons, — dit monsieur Guillaume en prêtant l'oreille aux clameurs qui partaient alors du chalet même; — j'aimerais mieux dix fois perdre la vie que de laisser pénétrer ce secret sans nécessité.

Il se mit à gravir les échelons avec une agilité qu'on ne pouvait guère attendre de son embonpoint. Armand de Verneuil le suivit, aiguillonné par la curiosité et par le désir d'échapper aux Autrichiens. Bientôt ils se trouvèrent l'un et l'autre sur une plate-forme à l'extrémité de laquelle on apercevait une grotte obscure. Guillaume siffla légèrement. Aussitôt l'échelle remonta le long du rocher et disparut dans une rainure invisible d'en bas, sans qu'on pût reconnaître quelle force la mettait en mouvement.

Mais le guide ne donna pas à Verneuil le temps de faire des observations; il le prit par la main et l'introduisit dans la grotte. Au bout de quelques pas l'obscurité devint complète. Cependant il sembla au capitaine qu'une herse de fer s'était abaissée, qu'une porte épaisse s'était refermée derrière lui. Etourdi, confondu par tout ce qui lui arrivait, il croyait rêver et se sentait pris de vertige. Les ténèbres épaisses au milieu desquelles il marchait lui semblaient avoir une densité surnaturelle. Cette main qui l'entraînait lui paraissait vigoureuse et puissante comme celle d'un géant. Les idées les plus extravagantes bouillonnaient dans son cerveau; les images les plus monstrueuses flottaient devant ses yeux endoloris.

Mais cette espèce d'hallucination fut de courte durée; bientôt la lumière du jour reparut, et la voix douce du guide murmura près de l'oreille d'Armand :

— Remerciez Dieu, vous êtes sauvé vous voici au val Perdu.

Au même instant ils se trouvèrent en plein air, à l'extrémité d'une charmante avenue de tilleuls s'étendant à perte de vue. Un peu remis de son étourdissement, le capitaine se retourna pour examiner le passage qu'il venait de traverser; mais le rocher s'était déjà refermé derrière lui sans laisser aucune trace de porte ni de souterrain. Il allait demander des explications à son conducteur, quand une exclamation d'étonnement et presque de terreur partit à deux pas de lui et détourna son attention.

Celui qui l'avait poussée ressemblait d'une manière si frappante à l'habitant du chalet, qu'on le reconnaissait tout d'abord pour le frère de monsieur Guillaume. C'était le même costume, la même contenance modeste, les mêmes traits doux et bienveillans.

Seulement, en ce moment, tandis que le visage de monsieur Guillaume conservait sa sérénité ordinaire, celui de son frère était bouleversé par une violente émotion.

— Guillaume, — demanda le portier mystérieux du val Perdu, — mon cher Guillaume, à quoi pensez-vous? Je me serais attendu à voir ces montagnes s'abîmer avant de voir mon frère introduire un étranger parmi nous!... Il en mourra de chagrin et de colère.

Monsieur Guillaume secoua la tête en souriant.

— Rassurez-vous, Victorin, — dit-il, — je lui expliquerai mes motifs, et il les approuvera. J'ai été plus loin que vous dans ses confidences, et je réponds de tout... Allons néanmoins le trouver sans retard.

— Bien volontiers, mon frère; je n'oserais jamais affronter seul son mécontentement.

Monsieur Guillaume, toujours souriant, ajouta quelques mots à voix basse, et, passant son bras sous celui de Victorin, il parut se disposer à s'éloigner avec lui. Puis se tournant vers le militaire ébahi :

— Monsieur le chevalier, — dit-il avec politesse, — les circonstances qui m'ont déterminé à vous conduire ici étaient impérieuses, et je n'ai pas eu le temps de prendre les ordres de celui qui commande au val Perdu. Souffrez donc que mon frère et moi nous remplissions ce devoir; vous n'attendrez pas longtemps, je l'espère... Montez par ici, — continua-t-il en indiquant un sentier vert et fleuri qui serpentait autour de la base du rocher; — là-haut vous trouverez un siége, et vous pourrez vous reposer jusqu'à notre retour... Un peu de patience!

Il s'inclina sans attendre de réponse et les deux frères s'éloignèrent en causant avec vivacité. Bientôt le bruit de leurs voix et de leurs pas s'éteignit dans l'éloignement, et le capitaine resta libre de s'abandonner à ses réflexions.

La réflexion cependant devenait inutile, car, pour s'expliquer ce qui lui arrivait, Armand aurait eu besoin d'une donnée tant soit peu probable pour point de départ, et cette donnée lui manquait. Aussi renonça-t-il promptement à chercher le mot d'une énigme encore insoluble pour lui. Se rappelant l'invitation de monsieur Guillaume, il gravit le sentier et atteignit un petit belvédère moitié verdure, moitié construction, d'où l'on dominait toute la vallée. Là il s'assit sur un banc rustique et promena ses regards autour de lui.

A mesure qu'il se livrait à cet examen, son visage exprimait tour à tour les émotions les plus diverses; l'étonnement, l'admiration, l'embarras s'y succédaient avec rapidité; sa raison était confondue.

I

L'ARCADIE.

C'était en effet un féerique et merveilleux tableau qui s'offrait aux yeux éblouis du capitaine Verneuil.

Au-dessous de lui s'étendait un riche et plantureux bassin, protégé de tous côtés par des montagnes et des rochers médiocrement élevés, mais infranchissables. Les montagnes étaient elles-mêmes couvertes de verdure, souvent jusqu'au sommet, et des bouquets d'arbustes fleuris tapissaient les blocs isolés. Ce magnifique encadrement embrassait la vallée, d'une demi-lieue de circuit, qui semblait à la fois un jardin anglais, une solitude riante et un délicieux verger. La main de l'homme, il est vrai, avait essayé d'ajouter au charme de la nature; mais l'art prenait dans ce lieu ravissant des grâces si simples, des allures si naïves, qu'il se confondait aisément avec l'œuvre de Dieu.

Un torrent, descendu des hauteurs en cascades de neige, formait là un courant rapide sur les cailloux blancs; plus loin un joli lac aux eaux paisibles, aux rives fraîches, émaillés de salicaires et de glaïeuls; il murmurait quelquefois sous des voûtes de saules au feuillage argenté, ou il glissait en silence sous des ponts rustiques formés d'un tronc d'arbre moussu; et enfin, après mille méandres, il venait s'engloutir dans un gouffre à l'autre extrémité du val. A droite et à gauche du torrent, le regard errait sur des boulingrins immenses, des bosquets d'arbres exotiques au feuillage de diverses couleurs, des champs fertiles, des espaliers chargés des fruits les plus savoureux que puissent produire la France et l'Italie. Au milieu de ces prairies, de ces massifs de verdure, apparaissaient çà et là des statues blanches de dieux de la Fable et de nymphes, immobiles sur leurs piédestaux. Des pavillons chinois au toit garni de sonnettes, des kiosques de marbre, des belvédères de clématite et de liserons, étaient disposés partout où il y avait un site à admirer, une particularité pittoresque à remarquer. Dans les clairières silencieuses on voyait des ifs, taillés à la serpe en forme de berceaux, d'obélisques, de vases antiques; ou bien un jet d'eau projetait sa gerbe de cristal, avec un bruit monotone et doux, jusqu'au sommet des marronniers groupés autour de son bassin de gazon.

On découvrait aisément la demeure de l'habitant ou des habitans de ce séjour enchanté, au centre d'un parterre de fleurs symétriquement dessiné. C'était un vaste et élégant chalet, au toit d'ardoises, aux galeries à jour et aux balcons ouvragés, aux larges fenêtres munies d'innombrables vitres en losanges. Une vigne étalait ses pampres verts sur la façade, et projetait victorieusement quelques branches par-dessus le toit. Dans le lointain, et à une certaine distance de la maison principale, on entrevoyait, cachés derrière un rideau d'arbres, des bâtimens plus considérables mais moins somptueux, sans doute des étables pour les beaux troupeaux de bœufs et de moutons occupés à paître au pied des montagnes.

Une température tiède et voluptueuse régnait dans ce petit Eden. Le soleil, qui touchait déjà le sommet des pics voisins, dorait le paysage de teintes chaudes, sans altérer l'étonnante transparence de l'air. Une brise légère commençait à s'élever sur le lac, chargée de senteurs délicieuses; c'était comme l'odeur de l'oranger et du jasmin mêlée aux parfums du nard et de l'églantier des Alpes. Mille bruits mélodieux s'élevaient de toutes parts; sous la feuillée on entendait gazouiller les oiseaux des bois; le cliquetis clair des jets d'eau dominait le murmure sourd des cascades, et le son argentin des clochettes des vaches se mêlait par momens à ces douces harmonies.

On comprendra aisément que le soldat de la république, l'imagination encore remplie des scènes d'horreur et de carnage dont il venait d'être acteur et témoin, se crût le jouet d'un rêve ou d'une hallucination. Ce monde brillant, impossible, au milieu duquel il se trouvait transporté d'une manière si singulière, ne pouvait être réel; et il cherchait, par un effort de volonté, à lui enlever son prestige en isolant chaque détail de l'ensemble. Mais ses efforts étaient impuissans; il attendait vainement que le mirage cessât, que cette contrée fantastique s'effaçât pour reprendre les tristes proportions d'un désert; l'éblouissant tableau était toujours là, immobile, invariable, dans sa splendeur et sa riche poésie.

Tout à coup le son d'un flageolet, qui jouait un air traînant et langoureux, se fit entendre à quelque distance. Puis l'instrument se tut, et une voix fraîche, quoique un peu inculte, chanta sur le même air les paroles suivantes, que tout d'abord Armand reconnut pour être de la Fontaine :

Citoyens de cette onde,
Laissez votre naïade en sa grotte profonde,
Venez voir un objet mille fois plus charmant.
Ne craignez point d'entrer aux prisons de la belle,
Ce n'est qu'à nous qu'elle est cruelle.
Vous serez traités doucement ;
On n'en veut point à votre vie,
Un vivier vous attend, plus clair qu'un fin cristal ;

Et quand à quelques-uns l'appât serait fatal,
Mourir *pour mon Estelle* est un sort que j'envie.

L'officier cherchait des yeux ce chanteur inconnu qui mettait en musique les fables de la Fontaine et les faisait répéter aux échos d'alentour. Il l'aperçut enfin dans un bateau, sur le lac dont une ramification venait mourir dans les joncs et les roseaux à ses pieds. Le bateau, peint de couleurs éclatantes, et tout enjolivé de dorures, avait la forme d'une galère antique; sa proue, semblable au cou onduleux d'un cygne, s'élevait au-dessus du niveau de l'eau bleue qu'elle fendait lentement. Mais si extraordinaire que fût l'existence de cette barque de parade dans un pareil endroit, le costume du batelier était plus extraordinaire encore; c'était absolument celui que portaient les *Colins* et les *Lucas* d'opéra-comique au dernier siècle : bas de soie, culotte ornée de rubans, veste légère, et chapeau garni de fleurs. Ajoutez des cheveux poudrés qui faisaient ressortir la figure arrondie et rosée d'un garçon de dix-huit ans, et vous aurez idée du pastoureau qui, assis dans sa nef élégante, s'occupait à relever des filets où frétillaient de belles truites, et répétait langoureusement :

Mourir pour mon Estelle est un sort que j'envie.

La barque s'éloigna peu à peu, et disparut derrière les arbres qui bordaient la rive du lac.

Armand commençait à croire sérieusement que toutes ces visions étaient le résultat de la fièvre qui avait pu s'emparer de lui à la suite de tant de fatigues et de souffrances. Il voulut donc essayer si la marche ne calmerait pas l'effervescence de son sang, et s'éloigna du belvédère en prenant une direction opposée à celle qu'il avait suivie déjà. Mais avant même d'avoir fait cinquante pas, il retomba dans ses incertitudes et ses angoisses.

D'un buisson d'églantier et d'aubépine qui s'élevait devant lui, partit une voix jeune et gaie, une voix de femme qui chantait :

Le pinson dans ses bosquets verts,
Sur cet ormeau la tourterelle,
L'alouette au milieu des airs,
Le grillon sous l'herbe nouvelle,
Chantent : Craignez de perdre un jour
De la belle saison d'amour.

— Bon ! voilà du Florian maintenant ! — murmura l'officier avec une impatience comique. — Ma foi ! comprenne qui pourra; je suis lancé dans le pays des chimères; sachons en prendre notre parti... Pour compléter la pastorale, il faudrait que je découvrisse derrière cette touffe d'arbustes quelque jolie bergère musquée, gardant ses petits moutons blancs... Allons, morbleu ! il me faut la bergerette, ou la fée qui commande ici est une laideron qui n'entend rien à son métier.

Il s'avança sur la pointe du pied, et, écartant les branches du buisson, il jeta les yeux dans une petite clairière du bocage d'où la voix était venue.

Il fut servi au delà de ses souhaits; au lieu d'une bergère, il y en avait deux.

On eût cru à la réalisation d'un tableau de Boucher ou de Watteau. Les jeunes filles, car elles étaient toutes les deux jeunes et charmantes, portaient exactement le costume des bergères de trumeaux : robe courte et tunique de satin, corset de soie lacé sur la poitrine, laissant les bras et les épaules nus; coiffure compliquée à la poudre, et tout petit chapeau de paille, posé de côté, avec une guirlande de fleurs naturelles. L'une était svelte, brune, mélancolique; sa paupière, frangée de longs cils, voilait en partie son œil noir et humide. Elle se tenait debout, dans une attitude pensive, appuyée contre un chêne qui la couvrait de son ombre. Près d'elle était sa houlette à lance d'argent, surchargée de nœuds et de roses. A ses pieds dormait un grand lévrier blanc, marqué de feu, avec un collier fait de cristal de roche et de baies rouges d'églantier. L'autre, celle-là qui venait précisément de chanter, était assise à quelques pas sur l'herbe, et, la tête appuyée sur sa main, elle regardait sa compagne en souriant. C'était une petite blonde, vive et rieuse, à la physionomie espiègle, au regard mutin. Un léger panier, renversé à côté d'elle, laissait échapper des flots de bluets et de coquelicots. Autour des ravissantes créatures, des moutons d'une blancheur de neige, aux colliers de faveur, aux grelots d'argent, véritables moutons de comédie, broutaient du bout des lèvres les cimes tendres du jeune gazon. Toute cette petite scène, paysage et personnages, avait les charmes un peu maniérés, les allures naïvement prétentieuses de la fantaisie pastorale traduite en vers par certains poëtes, en tableaux et en statues par certains artistes du règne de Louis XV.

Les deux bergères causaient confidentiellement, et la conversation de ces belles personnes méritait bien qu'on l'écoutât. Armand prêta l'oreille, retenant son haleine :

— Cesse, ma sœur Estelle, — disait celle qui était debout à la blonde enfant assise sur le gazon, — cesse de chercher à égayer par tes chansons la pauvre Galatée... Tu es heureuse, toi ; tu aimes Némorin et tu es aimée de lui ; tu deviendras son épouse, et vous vivrez dans la paix... Tes désirs ne sont jamais allés au delà de l'enceinte de cette vallée. Les plus grands chagrins de ta vie ont été la mort de ton chevreau favori, la perte de ta tourterelle blanche, emportée par un aigle des montagnes. Quand le matin tu as trouvé sur ta fenêtre un beau bouquet de plantes sauvages, cueilli par ton berger pendant ton sommeil, quand le vénérable Philémon a appuyé ses lèvres sur ton front, tu pars joyeuse avec ton troupeau, tu t'en vas tout le jour chantant et riant par les sentiers, le long du ruisseau, cueillant des fleurs. Tu chantes encore le soir quand nous rentrons au logis, et ta nuit est paisible comme le lac en l'absence du vent... Il n'en est pas ainsi de moi !

La bergère soupira. Estelle, émue, se leva par un mouvement gracieux, et, courant à sa sœur, elle l'embrassa avec vivacité.

— Pourquoi cette tristesse, Galatée ? — dit-elle en la retenant dans ses bras et en éloignant un peu sa figure mutine de celle de l'autre bergère ; — pourquoi n'es-tu pas heureuse comme nous tous ? Je veux enfin le savoir... Que te manque-t-il ? N'aimerais-tu pas Lysandre, ton berger, celui que la volonté suprême de Philémon t'a destiné pour époux ? Voyons, dis-moi la vérité ; ne lui préférerais-tu pas (ici la voix de la jeune fille s'altéra) son frère Némorin, mon fiancé, mon... Mais n'importe ! si cela était, Galatée, il faudrait me le dire, et j'irais moi-même supplier Philémon... — Galatée secoua la tête et sourit d'un air de mélancolie. Sa sœur l'embrassa de nouveau avec transport : — Tu n'aimes pas mon Némorin, ma bonne, ma chère, ma généreuse Galatée ! — s'écria-t-elle ; — ah ! tant mieux, vois-tu ? car j'en serais morte...Mais, en effet, Némorin est trop étourdi pour te plaire. Lysandre, au contraire, est grave, réfléchi, ami de la solitude comme toi-même : il lui arrive souvent, comme à toi, de passer des journées entières seul dans les lieux les plus écartés du vallon. D'ailleurs Lysandre t'aime, tu n'en saurais douter... Souviens-toi, ma sœur, de cette soirée où un orage terrible éclata tout à coup sur le val Perdu. Le torrent, grossi par la pluie, déborda et emporta nos ponts rustiques, pendant que tu étais réfugiée au kiosque de Pan, de l'autre côté de l'eau ; ce fut Lysandre qui, à travers le courant furieux, accourut à tes cris et te sauva du danger de passer une nuit dans ce réduit ouvert à tous les vents... L'hiver dernier encore ne te défendit-il pas contre un ours affamé descendu, je ne sais comment, du haut des montagnes, et qu'il tua son son épieu de chasseur ? Quelles preuves d'amour exigerais-tu de plus !

— Tu te trompes, Estelle, — répliqua Galatée tristement ; — Lysandre, en effet, n'a pas hésité à risquer sa vie pour me rendre service ; mais il ne m'aime pas comme Némorin t'aime, et moi, s'il faut l'avouer, je ne l'aime pas comme tu aimes Némorin... Nous avons l'un pour l'autre une affection fraternelle, rien de plus ; nous nous en sommes expliqués avec franchise. Lysandre, plus âgé que nous tous, est en proie à des peines secrètes qu'il se refuse à révéler. De mon côté, chère Estelle, j'éprouve parfois, depuis quelque temps, d'étranges agitations. Je vois en rêve ce monde inconnu qui existe, dit-on, au delà de ces montagnes, et dont parlent ces beaux livres que Philémon nous lit souvent le soir. Je me représente les fêtes qui se donnent dans les palais brillans d'or et de lumières des grandes villes ; je me vois moi-même, parée de bijoux et de fleurs, au milieu d'un essaim nombreux de femmes belles, spirituelles, aimables, de cavaliers jeunes, braves et galans ; j'entends une musique vive et enivrante, je me sens emportée dans les tourbillons d'une danse joyeuse ; partout autour de moi le mouvement, le bruit, le plaisir... Quand ces séduisantes images m'apparaissent, la douce monotonie de notre existence, le calme de notre solitude, le silence qui règne autour de nous, m'attristent et me pèsent. Je regarde les petits nuages blancs qui passent là-haut, dans l'azur du ciel, et je les envie, parce que le vent les emporte loin d'ici ; je regarde les oiseaux, et j'envie leurs ailes, parce qu'ils peuvent voler sans cesse partout où les pousse leur caprice.

Galatée posa sa tête sur l'épaule blanche d'Estelle pour cacher la rougeur que cet aveu avait appelé sur son front.

— Je ne te comprends pas, Galatée, — répliqua naïvement sa sœur. — Que peux-tu souhaiter hors de notre délicieuse vallée ? Pourquoi désirer ce que tu ignores ? Souviens-toi combien Philémon hait ce monde où il a passé une partie de sa vie, et quel affreux tableau il nous en a fait cent fois !... Ah ! Galatée, tu n'aurais pas ce dégoût profond pour notre tranquille demeure si ton cœur était plein d'amour !

— Peut-être, — soupira Galatée bien bas.

— Alors, — reprit Estelle, — pourquoi ne pas aimer Lysandre, si doux, si bon, si modeste ? Ma sœur, dans ce monde auquel tu penses toujours, croirais-tu pouvoir trouver un époux préférable à Lysandre ?

— Je l'ignore, Estelle ; et cependant Lysandre, malgré ses nobles qualités, ne ressemble pas au portrait, ébauché par mon imagination, de celui que je dois aimer...

— Eh bien ! fais-moi ce portrait, ma petite sœur, ma chère Galatée ; oh ! je t'en prie, — continua Estelle avec sa curiosité enfantine, — dis-moi comment tu rêves ton amant ?

Galatée reprit la pose gracieuse qui paraît lui avoir prise, et elle dit d'un air de réflexion, en s'arrêtant fréquemment :

— Je me représente un jeune et beau guerrier qui irait au combat comme à une fête, qui ferait trembler tous les autres et ne tremblerait que devant moi... un chevalier valeureux comme Gonzalve de Cordoue... le fidèle Tancrède, ou le paladin Renaud... un époux grand par l'autorité et par le courage, qui me reviendrait toujours chargé de lauriers, couvert d'armes magnifiques, aux applaudissemens d'une foule enthousiaste !

— Et moi, un tel amant me ferait peur,—dit Estelle avec une mine dédaigneuse ; — j'aime bien mieux mon pauvre Némorin, si simple et si timide, que j'afflige ou que je console d'un regard...

Pendant que les deux bergères se livraient à ces douces confidences, le capitaine Verneuil restait en extase dans son buisson. En dépit de cette immobilité, sa présence fut enfin éventée par le beau lévrier couché aux pieds de Galatée. Néanmoins l'animal, sociable et civilisé, ne donna pas l'éveil par des aboiemens brutaux, des bonds furieux, comme eût fait immanquablement un chien vulgaire. Il se contenta de soulever son museau effilé au-dessus des hautes herbes, et, tournant ses yeux brillans comme des escarboucles vers l'indiscret, il poussa un petit grondement sourd ; on eût dit plutôt d'un avertissement que d'une menace.

A ce bruit les deux sœurs s'éloignèrent vivement l'une de l'autre.

— Qui peut venir ici ? — demanda Galatée avec effroi ; — qui songerait à épier nos secrets ?

— Bah ! je devine, — dit Estelle : — Némorin se sera hâté d'aller relever ses filets, pour nous faire quelque espièglerie.

— Diane n'eût pas donné l'alarme pour Némorin.

— C'est donc Philémon qui vient nous chercher, car le soleil est déjà caché derrière la montagne, et l'heure de rentrer est venue.

— Non, non, Estelle, — répliqua Galatée tremblante ; — voyons qui nous écoutait... Je mourrais de honte si un autre que toi avait pu m'entendre.

Elle prit sa compagne par la main, et elles se mirent en devoir de tourner le bosquet. Armand reconnut qu'il allait être surpris, et dans une situation assez peu honorable. Il s'empressa de reculer de quelques pas, et jeta un regard sur sa personne, avec une inquiétude toute féminine, pour s'assurer s'il était en état de paraître convenablement devant ces charmantes créatures. Hélas ! son costume contrastait misérablement avec leurs riches et pimpantes toilettes. Cependant il enroula son bras blessé dans le petit manteau génevois du ministre Penhofer, il arrangea ses cheveux d'un revers de main, et rajusta son uniforme, un peu froissé par ses marches précipitées. Au moment où il achevait ses préparatifs, il se trouva en présence des deux bergères.

A sa vue, elles s'arrêtèrent brusquement. La vive Estelle voulut s'enfuir ; mais la sentimentale Galatée eut le courage de rester. Armand reconnut qu'il allait être surpris, et toutes les deux se serraient l'une contre l'autre, comme deux enfans effrayées.

Le capitaine Verneuil, pour ne pas les effaroucher, s'était arrêté aussi ; ôtant son chapeau, il les salua avec grâce, et attendit, dans l'attitude la plus respectueuse, qu'on lui adressât la parole. Cette tactique réussit ; les jeunes filles commencèrent à ne plus trembler.

— Étranger, qui êtes-vous ? — demanda Galatée timidement ; — comment êtes-vous arrivé jusqu'ici ?

— Mesdemoiselles, ou plutôt aimables bergères, — répliqua Armand d'un ton caressant, — j'ai été introduit dans ce jardin par un monsieur Guillaume que vous connaissez sans doute... Je suis soldat au service de la république française, et je réclame de mes compatriotes l'hospitalité pour une nuit.

— Un soldat, un guerrier, un fils de Mars ! — dit la petite Estelle tout à fait rassurée, en regardant malicieusement sa compagne.

Galatée ne répondit pas et pâlit ; elle venait d'apercevoir à la manche de l'officier de larges taches de sang.

— Il est blessé ! — dit-elle vivement. — Grand Dieu ! une bataille aurait-elle eu lieu dans le voisinage ?

— Pas une bataille, — répliqua Verneuil en souriant, — mais une escarmouche passablement chaude, et je suis surpris que le bruit n'en soit pas venu jusqu'ici... Cependant rassurez-vous, charmantes filles, ma blessure n'est pas dangereuse, et depuis que je suis près de vous je ne la sens plus.

— Quel joli mensonge ! Némorin n'eût pas trouvé cela, — dit naïvement Estelle. — Allons, ma sœur, il faut conduire ce jeune guerrier à notre chaumière... Philémon, qui sait tout, saura bien le guérir.

Galatée avait arraché de ses épaules une écharpe de soie bleue à franges d'or, dont elle entourait le bras malade avec toutes sortes de précautions délicates. Armand mit un genou en terre pour recevoir cette faveur ; quand le dernier nœud fut achevé, il baisa avec reconnaissance la main divine de la bergère.

— A quoi ne s'exposerait-on pas, — dit-il à Galatée, rose de pudeur, — pour mériter des soins si doux ?

— Il parle vraiment comme le galant Amadis, ma sœur, — remarqua Estelle à demi-voix. — Mais partons, partons...

N. ET R. CH. — II.

Appuyez-vous sur moi, étranger, — continua-t-elle en s'emparant du bras d'Armand ; — ne craignez pas de me fatiguer, je suis forte, et la chaumière n'est pas loin.

— Donnez-moi cette arme dont le poids vous écrase, — ajouta timidement Galatée en détachant le sabre de l'officier, — il gênerait votre marche.

Armand céda aisément aux désirs de ces créatures enchanteresses, et se laissa conduire vers les hautes futaies qui s'élevaient dans la direction de l'habitation. D'un côté, l'officier de l'officier ; de l'autre, Galatée, qui avait abandonné son troupeau à la garde du chien, s'avançait les yeux baissés, maniant avec une sorte d'effroi l'arme meurtrière dont elle n'avait pas remarqué certaines souillures rougeâtres. Le jeune Français, en proie à un ravissement inexprimable, les regardait tour à tour ; sans s'inquiéter davantage d'expliquer cette inexplicable aventure, il se livrait avec délices au bien-être de la réalité présente.

La pétulante Estelle n'était pas d'humeur à garder longtemps le silence.

— Étranger, — dit-elle enfin, — excusez ma curiosité ; mais, si vous êtes un soldat, un guerrier, comment se fait-il que vous n'ayez pas un casque brillant surmonté d'un beau panache, une cuirasse d'or et un bouclier d'argent, avec une longue lance ornée des couleurs de votre belle ?

Cette question naïve fit sourire Armand.

— Les soldats de la république, ma belle enfant, — répliqua-t-il, — ne sont pas tout à fait équipés comme les chevaliers du temps passé... Nous n'avons plus ni panaches ni boucliers ; nos habits, comme vous voyez, ne sont pas somptueux, et jamais, jusqu'ici, — ajouta-t-il en jetant un regard expressif à Galatée, — je n'avais eu le bonheur de porter les couleurs d'une belle.

Galatée, plus sérieuse et plus réservée, essaya de réparer l'étourderie d'Estelle.

— Pardonnez à ma sœur, — balbutia-t-elle ; — nous sommes de jeunes filles ignorantes ; c'est pour la première fois que nous voyons un étranger dans notre vallée, et nous n'avons aucune idée du monde où vous avez vécu sans doute.

Pendant qu'elle parlait encore, deux hommes parurent à l'extrémité du bois ; l'un était monsieur Guillaume, le premier guide d'Armand ; l'autre, qu'on jugeait au premier coup d'œil être un personnage d'importance, mérite une mention particulière.

C'était un vieillard de soixante-dix ans environ, mais de haute taille, vigoureux et plein de prestance. Il avait la tête nue ; une profusion de cheveux blancs flottait sur ses épaules et lui paraissait être une protection suffisante contre l'intempérie des saisons. Une longue barbe, également blanche, retombait sur sa poitrine. Néanmoins, l'éclat de son œil gris, son teint basané, certaines rides de son visage austère, trahissaient une âme forte qui était loin de s'être engourdie sous les glaces de l'âge. Son costume, très simple, ressemblait à celui de Guillaume et de Victorin, sauf la finesse de l'étoffe et quelques bijoux de prix comme oubliés dans sa toilette. Il tenait à la main un long bâton, qui ne lui était pourtant pas nécessaire pour soutenir sa marche, car il s'avançait d'un pas ferme et assuré. A sa contenance majestueuse, on eût dit d'un patriarche.

— Voici Philémon ! — murmurèrent les deux jeunes filles avec un sentiment de respect et de crainte ; — mon Dieu ! que va-t-il penser de notre hardiesse ?

Et elles s'éloignèrent vivement du blessé, d'un air de confusion.

De son côté le vieillard, en les apercevant, avait fait un mouvement de surprise ; mais il surmonta aussitôt cette impression, et, quand il eut rejoint les bergères tout émues, il leur dit d'un ton bienveillant :

— Rassurez-vous, mes filles ; je ne vous blâmerai pas d'avoir deviné les devoirs de l'hospitalité que vous n'avez jamais eu l'occasion de pratiquer... En vous conseillant de conduire à notre chaumière, sans attendre mes ordres, un soldat blessé, fugitif et malheureux, votre cœur vous a bien inspirées. — Puis, se tournant vers Armand, il ajouta avec solennité : — Soyez le bienvenu parmi nous, jeune homme; vous ne trouverez ici que des amis. — Il tendit la main à Verneuil et l'embrassa d'un air grave. Cette réception n'était pas tout à fait suivant les usages du monde, mais elle était en harmonie avec ce qu'Armand avait déjà vu et entendu dans ce singulier endroit, et il ne songea pas à s'en plaindre. Il remercia donc, dans les termes qu'il jugea le plus capables de flatter les manies pastorales de ses hôtes, et avec une apparence de modestie qui ne parut pas déplaire au patriarche du val Perdu. Cependant la nuit approchait; les premières étoiles commençaient à se montrer à travers les branches des hautes futaies. Philémon dit quelques mots bas à Guillaume, qui s'inclina avec soumission et s'éloigna dans la direction du passage secret. Puis le vieillard reprit en s'adressant aux bergères : — Songez à votre troupeau, mes filles, et laissez-moi le soin de conduire l'étranger à notre demeure... La rosée du soir est malsaine pour les brebis. — Estelle et Galatée obéirent d'un air de regret et retournèrent sur leurs pas, tandis que Philémon, portant d'une main le sabre d'Armand et soutenant de l'autre bras la marche du blessé, prenait le chemin de l'habitation. Ce changement de guide n'était pas absolument du goût de l'officier. En dépit des manières bienveillantes de Philémon, il y avait dans ce grand vieillard quelque chose de sec et d'étudié qui lui imposait. Ils marchèrent un moment en silence sous ces beaux ombrages, où frémissait la brise du soir. — Jeune homme, — dit enfin Philémon d'un ton ferme, — vous voilà donc devenu mon hôte... Je ne vous le dissimulerai pas, s'il m'eût été permis d'agir autrement, je n'eusse jamais risqué de perdre le fruit de mes longues et minutieuses précautions en admettant ici un étranger... Mais le zèle peut-être excessif de mon serviteur fidèle, les devoirs de l'humanité, et aussi des considérations particulières sur lesquelles je désire ne pas m'expliquer, m'ont déterminé à faire pour vous ce que je ne ferais volontiers pour nul autre. Je vous rappellerai sous quelles conditions cette hospitalité vous est accordée... Ceux qui habitent cette vallée ne forment tous qu'une famille; inconnus au monde, ils ne savent rien du monde lui-même. Grâce à mes efforts, le souffle corrupteur du dehors n'est jamais arrivé jusqu'à ce fortuné val... On y vit dans l'innocence de l'âme, la simplicité du cœur, dans ces mœurs primitives qui ont dû être celles de l'humanité avant sa chute. Comme Adam et Eve dans le paradis terrestre, ceux que j'ai réunis ici sont calmes et heureux, parce qu'ils n'ont pas mangé les fruits de l'arbre de la science du bien et du mal. Ne soyez pas le serpent tentateur qui leur montre ces fruits maudits et les invite à en manger! Peut-être, malgré mes ordres, des questions vous seront-elles adressées; respectez la candeur de ces âmes vierges, la douce ignorance de ces honnêtes enfans. Si, par vos railleries ou vos imprudentes révélations, vous veniez à les faire rougir de l'état où ils ont vécu, à éveiller des désirs, à exciter des regrets dans ces intelligences pures, vous auriez causé leur malheur; vous auriez commis une mauvaise action, dont, malgré ma faiblesse apparente, je pourrais peut-être encore vous punir. — Le capitaine Verneuil se hâta de répéter la promesse qu'il avait déjà faite à Guillaume, et il assura monsieur Philémon de ses efforts sincères pour ne heurter en rien les idées et les habitudes de ses nouveaux amis. — Appelez-moi simplement Philémon, — dit le vieillard avec plus de douceur, — ces dénominations de vaine politesse n'ont pas cours parmi nous... Eh bien! je vous crois, Armand de Verneuil, — ajouta-t-il d'un ton presque amical, — car, je le sais, vous sortez d'une race noble et loyale... Devenez donc un de mes enfans jusqu'à ce que, votre blessure étant guérie, il vous soit possible de rejoindre sans danger l'armée française. Prenez part à nos joies paisibles, à notre félicité modeste, et peut-être,

quand vous devrez nous quitter, ne le ferez-vous pas sans regrets.

Pendant cette conversation, ils étaient arrivés à cette habitation que Philémon appelait une chaumière. Si elle avait frappé de loin l'étranger par son élégance, cette impression se changea en admiration quand il put l'examiner de près. On n'eût pu trouver une position plus aérée, plus salubre, plus délicieuse, des bâtimens plus coquets et plus commodes. Une exquise propreté régnait au dehors, comme sans doute au dedans, et rien de ce qui dépoétise les alentours des habitations campagnardes ne venait offenser les yeux. Une cour plane et unie la séparait du jardin. Un côté de cette cour était occupé par une vaste serre, remplie de plantes exotiques, et par une magnifique volière où mille espèces d'oiseaux des bois saluaient de leur ramage les approches de la nuit. De l'autre côté, un petit édifice, avec deux fenêtres et une porte en ogive surmontée d'une croix dorée, indiquait une chapelle. Ce signe que le vallon était habité par des chrétiens n'était pas absolument inutile, car, sans lui, on eût pu croire, à la profusion des statues des dieux de la Fable disséminées dans les jardins, que le paganisme, oublié depuis dix-huit siècles, avait retrouvé des sectateurs au val Perdu.

Mais l'officier ne put donner qu'un coup d'œil à ces détails. Sur un banc de pierre, près de la porte de la maison, étaient assis deux jeunes gens qui se levèrent à son arrivée. Dans le moins âgé des deux, Armand reconnut aussitôt Némorin, le batelier dont le costume un peu théâtral l'avait tant frappé une heure auparavant. L'autre, plus grand et plus robuste, était remarquable par sa belle et mâle physionomie, où se reflétait une intelligence supérieure. Néanmoins sa personne avait un caractère de tristesse et de contrainte; son regard était morne; ses mouvemens trahissaient l'abattement. Son costume différait peu de celui de Némorin; mais on n'y remarquait pas ces fleurs, ces rubans qui faisaient ressembler son jeune frère à un marié de village; enfin son extérieur était austère et mélancolique comme son visage.

Tous les deux regardaient l'étranger avec une curiosité extrême; mais, quand il fut proche, ils baissèrent les yeux.

— Mon père, — dit Némorin avec respect en s'adressant au vieillard, — je suis allé pêcher dans l'étang avec les nouveaux filets tissés par Estelle, et la pêche a été abondante.

— C'est bien, — répondit Philémon. Et il tendit la main à Némorin, qui la baisa.

— Mon père, — dit l'autre jeune homme en s'avançant à son tour, — j'ai conduit les bœufs aux pâturages d'Io, et tout le troupeau est maintenant en bonne santé dans l'étable.

— C'est bien, Lysandre, — répéta le patriarche. Puis il tendit la main à Lysandre comme à Némorin. — Et maintenant, mes enfans, — ajouta-t-il en leur montrant Verneuil, — embrassez un hôte, un ami que Dieu vous envoie. — Les deux jeunes gens obéirent, Némorin avec cette gaucherie de l'adolescent campagnard que la présence d'un étranger embarrasse, Lysandre avec l'assurance modeste de l'homme qui pense et qui sent. — Il suffit, — dit Philémon; — maintenant allez au-devant de vos bergères, je vous le permets.

Les deux frères s'inclinèrent et s'éloignèrent aussitôt, le plus jeune avec un empressement joyeux, l'aîné avec sa docilité sereine, et ils disparurent dans l'avenue de tilleuls.

L'attitude si différente de ces jeunes gens n'avait pas échappé à Armand de Verneuil. Il enviait le bonheur expansif de l'un, mais il se sentait attiré vers l'autre par une vive sympathie. Il eût bien voulu adresser des questions à Philémon sur ce Lysandre, si réservé et soumis et pourtant si triste; mais l'air du vieillard ne l'encourageait pas à manifester sa curiosité, et il résolut, dans l'intérêt même de cette curiosité, d'attendre un moment plus favorable pour la laisser voir.

Quelques instans après, le capitaine était installé dans une chambre proprette et bien rangée, au premier étage de la maison. Après lui avoir offert quelques alimens réconfortans, on avait pansé sa blessure, fort légère du reste, avec plus de soin que n'avait pu faire le bon pasteur de Rosenthal; et bientôt, couché dans les draps blancs et parfumés d'un excellent lit, Armand fut libre de passer en revue les événemens inconcevables de cette journée si bien remplie.

— Allons, — disait-il en lui-même, — je suis en pleine Arcadie; campagnes délicieuses, jolies pastourelles, bergers langoureux, vieillard austère et phraseur, rien n'y manque pour mettre en action une idylle de Gessner... Véritablement, jamais un pauvre diable de soldat de la république une et indivisible ne s'est trouvé à pareille fête! Il serait, parbleu! dommage que quelqu'un de ces grands coquins de Croates m'eût passé son sabre à travers le corps dans la bagarre de ce matin... Cette petite Estelle est tout à fait piquante, et Galatée... Oh! se trouve-t-il sur terre une plus belle, plus gracieuse, plus séduisante créature que Galatée?... Galatée! ma chère Galatée!

Il s'endormit en répétant ce nom. Depuis plus de quarante-huit heures il n'avait pas pris un moment de repos, et la nature réclamait impérieusement ses droits.

III

BERGERS ET BERGÈRES.

Avant d'aller plus loin, il est bon peut-être de faire connaître au lecteur l'origine et le caractère du jeune militaire appelé à être le héros de cette véridique histoire.

Armand de Verneuil, comme nous l'avons dit déjà, était le fils de l'amiral de Verneuil, mort pendant un voyage d'exploration autour du monde. Quand ce malheur arriva, Armand était déjà privé de sa mère; il se trouva, à l'âge de dix ans, orphelin et sans fortune. Madame de Verneuil, originaire de l'Inde anglaise, n'avait pas de parens en Europe; la famille d'Armand, du côté paternel, était au contraire nombreuse et riche, mais des discussions d'opinions et d'intérêts avaient éloigné l'amiral de ces parens puissans, et son fils leur était inconnu. Un seul, le comte de Rancey, qui alors habitait Paris, parut prendre quelque pitié de l'orphelin. Par son crédit il fit obtenir à Armand une bourse dans une école militaire, et de temps en temps il s'informait de son jeune protégé. Mais le comte de Rancey avait lui-même plusieurs enfans; d'ailleurs c'était, disait-on, un homme humoriste, capricieux, soupçonné même d'un grain de folie. Au bout de quelques années, il cessa tout à coup de donner de ses nouvelles. Quand les administrateurs de l'école, protecteurs naturels d'Armand, s'informèrent de lui, on leur annonça que, après avoir réalisé toute sa fortune, il était passé en pays étranger avec ses fils et qu'on avait perdu sa trace. Une dernière fois cependant, le jeune Verneuil sentit les effets de la bienfaisance excentrique de monsieur de Rancey. Le jour où il reçut sa commission de sous-lieutenant au régiment de X..., qui devint plus tard la 62e demi-brigade, on lui adressa par une voie inconnue la somme de deux cents louis, avec une lettre remplie de bons conseils sur la conduite à venir, mais sans signature. Depuis cette époque, il n'avait eu aucun rapport direct ou indirect avec ceux qui lui étaient alliés par le sang.

On s'expliquera aisément que les malheurs de ses premières années n'entretinssent pas chez Armand les préjugés de la caste à laquelle il appartenait. Destitué des avantages auxquels il voyait participer la plupart de ses camarades d'école, il connut de bonne heure la vanité de certaines distinctions sociales. Sans les mépriser tout à fait, il sentit qu'elles devaient être rehaussées par des mérites personnels, à peine de devenir un fardeau trop lourd pour ceux à qui elles étaient dévolues. Il chercha donc à compenser par le travail ce qui pouvait lui manquer un jour du côté de la faveur, et il y parvint. Satisfait de ce résultat, il n'éprouva jamais ni haine ni envie contre les autres écoliers plus heureux que lui. Il se vengeait seulement par de joyeuses bouffonneries de leur insolente prospérité, et, tout en mangeant dans un coin le pain sec de son déjeuner, il narguait impitoyablement leurs confitures aristocratiques sans les désirer. C'était Diogène riant, en rongeant ses croûtes, des banquets somptueux des Athéniens, mais un Diogène sans aigreur et sans fiel, prêt à railler lui-même les trous de son manteau comme les broderies de ses voisins.

Avec de pareilles idées, Armand de Verneuil ne devait pas s'accommoder facilement de la hiérarchie aristocratique qui régnait alors dans la profession militaire; quand la révolution éclata, ne partagea-t-il pas les colères de la noblesse contre l'abolition des priviléges. Il fut, à la vérité, obligé de donner sa démission d'officier; mais, au lieu d'émigrer et de tourner contre la France le tronçon de cette épée qu'on avait brisée dans sa main, il s'engagea comme simple soldat dans le régiment où il avait déjà commandé, et il voulut reconquérir, à force de bravoure et de services, le grade qu'il avait occupé sous la monarchie.

Cette conduite franche et le peu de bruit qu'il avait fait en tout temps de son titre nobiliaire le sauvèrent de la suspicion qui s'attachait, pendant la Terreur, aux membres de l'ancienne aristocratie. D'ailleurs, outre que dans les armées toujours en présence de l'ennemi les investigations du sans-culottisme défiant n'avaient pas la même sévérité que dans le cœur de la France, Armand était adoré de ses soldats à cause de son brillant courage, de son dévouement à ses compagnons d'armes, et surtout de sa gaieté inaltérable dans ses fatigues et les dangers. Il n'eût pas été prudent de l'enlever à son régiment sans autre motif que son titre inavoué de gentilhomme; aussi avait-il été oublié par les farouches commissaires envoyés en mission auprès des armées de la république; et, à la suite de plusieurs actions d'éclat, il était parvenu de grade en grade jusqu'à celui de capitaine, qu'il occupait au moment où commence cette histoire.

Son caractère était un mélange de belles qualités et de fâcheux défauts. Il avait un bon cœur, et il eût volontiers exposé sa vie, à laquelle il tenait fort peu du reste, pour empêcher une injustice. Généreux comme tous ceux qui ne possèdent guère, sa bourse était toujours au service de ses amis. Malheureusement, sa mobilité d'idées, sa légèreté, voisine de l'étourderie, ne permettaient pas de compter sur ses meilleures intentions. Ses passions, naturellement impétueuses, ne trouvaient un modérateur que dans ce sentiment de respect pour lui-même qu'il devait peut-être à sa naissance. Ajoutez un goût prononcé pour le merveilleux ou tout au moins l'imprévu, un vague instinct de poésie qui n'est pas incompatible avec les scènes de violence et la vie des camps, et l'on connaîtra parfaitement le jeune aventurier qui avait été initié si brusquement aux mystères du val Perdu.

Il était déjà grand jour quand il s'éveilla après une nuit calme et réparatrice; mais les épais rideaux dont son lit était entouré ne laissaient arriver jusqu'à lui qu'une faible lumière.

— Où diable suis-je? — pensa-t-il; — je n'ai pas entendu la diane, et mon brosseur n'est pas venu m'éveiller.

— En ce moment on entr'ouvrit la porte, et quelqu'un avança la tête avec précaution dans la chambre. — Qui va là? — demanda le capitaine machinalement.

Aussitôt Philémon entra, et, écartant les rideaux, vint s'informer avec politesse comment Verneuil avait passé la nuit. Le jeune officier, ébloui par cette clarté subite, et la tête alourdie, n'avait pas encore des idées bien nettes

Pendant qu'il balbutiait quelques paroles inintelligibles, Philémon enleva l'appareil de sa blessure et l'examina avec attention :

— Tout est pour le mieux,—dit-il d'un air satisfait,— il n'y a plus ni fièvre ni inflammation; dans trois jours vous serez entièrement guéri... En attendant, vous pouvez sans inconvénient vous lever pour célébrer avec nous la solennité du dimanche.

Armand tressaillit. La mémoire lui revint tout à coup, et ses yeux brillèrent de plaisir.

— Quoi! — s'écria-t-il, — pourrai-je revoir ces aimables personnes dont l'image m'a poursuivi jusque dans mon sommeil? Pourrai-je encore parcourir vos délicieux jardins avec ces jolies bergères, avec cette divine Galatée?...

— C'est aujourd'hui dimanche, jour de fête et de repos, — répondit simplement Philémon; — les enfans le passeront en divertissemens et en jeux de leur âge; vous serez maître de vous joindre à eux. Mais, avant de nous livrer à une joie profane, nous devons remercier Dieu, dans notre chapelle, des bienfaits dont il nous comble sans cesse... De votre côté, Armand, vous avez aussi à le remercier ce Dieu puissant qui, hier encore, vous a protégé si efficacement au milieu du feu des batailles.

— En effet, monsieur... c'est-à-dire sage Philémon ; je me soumettrai à vos usages, quoique à vrai dire je n'aie pas eu depuis longtemps l'occasion d'entrer dans une église.

— Je sais, je sais, — répliqua le vieillard d'une voix sourde et pénétrante; — j'ai appris quel avait été le résultat des doctrines impies de vos philosophes, où avaient abouti les écrits si profonds de vos savans orgueilleux; ils ont couvert le monde de ruines et de sang; ils ont renversé l'autel et égorgé le prêtre... Cependant Jean-Jacques, le grand Jean-Jacques, leur maître à tous, n'avait pas renié Dieu, lui! Mais les excès périront, et ce qui est éternel ne tardera pas à refleurir... Pour moi, j'ai pressenti l'orage et je me suis réfugié dans le port. En voyant se déchaînement destructeur de la fausse science, de l'athéisme, de l'orgueil humain, je me suis hâté d'entrer dans ma petite arche avec les débris de ma famille, avant que les flots du déluge universel vinssent battre les sommets des plus hautes montagnes... Mais quittons ce sujet, — s'interrompit-il brusquement; — que m'importent les intérêts de ce monde, où tout est faux, corrompu et détourné de sa voie? Parlons de vous, Armand, et laissez-moi vous faire part des nouvelles que l'on vient de me transmettre.

En même temps il apprit la suite des perquisitions faites la veille par les Autrichiens au chalet de Guillaume. Le pasteur Penhofer et sa fille avaient pu retourner chez eux sans être inquiétés; mais les Allemands, après avoir infructueusement visité les bois et les rochers du voisinage à la recherche du fugitif, étaient revenus s'établir à Rosenthal, qu'ils occupaient militairement, et où ils comptaient séjourner. Il résultait de là que les Français ne pourraient quitter de sitôt le val Perdu, à moins qu'un nouveau mouvement de l'ennemi ne dégageât la route de Zurich.

— Eh bien! je ne me plaindrai pas de cette circonstance, vénérable Philémon, — dit Verneuil avec gaieté, — si seulement vous éprouvez autant de plaisir à me garder ici que je m'en promets à y rester... Cependant, —ajouta-t-il d'un air de réflexion, — je vous demanderai un service.

— De quoi s'agit-il?

— Si un voyageur ne peut passer à travers les postes ennemis, une lettre le pourra peut-être.

— A qui voulez-vous écrire et qu'écrivez-vous? — demanda le patriarche du val Perdu en fixant sur Verneuil un regard inquisiteur; — personne au monde ne doit savoir le lieu de votre retraite.

— Il s'agit d'un simple billet pour rassurer un excellent camarade qui me croit mort sans doute... Il n'y a là aucun mystère, et je puis vous remettre ma lettre ouverte. Ce ne sera pas long; vous allez voir.

Il étendit le bras et prit sur une table voisine un carnet dont il arracha un feuillet; puis il écrivit au crayon :

« Je suis vivant, mais légèrement blessé et cerné par
» l'ennemi. Je vous rejoindrai le plus tôt possible. Adieu.
» VERNEUIL. »

Il passa le feuillet à Philémon, qui ne sourit pas en lisant cette épître, modèle de concision militaire. Après l'avoir retourné avec soin, et s'être assuré qu'elle ne portait aucune date, le vieillard la plia tranquillement et la plaça devant Armand.

— Mettez l'adresse; — dit-il. Armand écrivit rapidement : « Au citoyen Ravaud, lieutenant à la 62e demi-brigade, présentement à Zurich. » — Il suffit, — dit Philémon en prenant le papier ; — ce soir même votre ami sera rassuré sur votre compte. Comme vous l'avez deviné sans doute, je suis obligé d'avoir à l'extérieur des agens secrets qui communiquent seulement avec mon fidèle Guillaume; l'un d'eux va être chargé de votre commission... Est-ce tout ce que vous désirez?

Verneuil le remercia vivement de sa complaisance, et le patriarche du val Perdu se retira en invitant son hôte à rejoindre la famille au plus tôt.

Quelques instans après, une espèce de petit domestique entra pour aider Armand à s'habiller. Le capitaine eut encore un sujet d'étonnement en s'apercevant que le jeune valet de chambre était muet.

—Allons,—pensa-t-il,—décidément, dans cette étrange maison, tout est au rebours de ce que l'on est habitué à voir ailleurs... Ce domestique-là, du moins, ne trahira pas les secrets de ses maîtres.

Pendant son sommeil, on avait mis à portée du militaire du linge blanc d'une grande finesse, appartenant sans doute à quelqu'un des jeunes gens. Son uniforme avait été brossé, son ceinturon poli, ses bottes à revers avaient été cirées par des mains invisibles. En moins d'un quart d'heure le petit muet, après l'avoir aidé à se revêtir de ses habits, l'eut rasé, coiffé et poudré comme eût pu faire le plus habile valet de chambre de l'ancien régime. Le bras blessé fut enveloppé d'une façon toute galante dans l'écharpe bleue, présent de Galatée. Sa toilette achevée, Armand se regarda dans une petite glace de Venise suspendue à la muraille, et, content de sa bonne mine, malgré un reste de pâleur, il se hâta de quitter la chambre.

La famille était réunie dans une salle du rez-de-chaussée, lambrissée en sapin et ornée de jolies gravures représentant des sujets de la vie pastorale. Le vieillard, assis dans un grand fauteuil de bois, feuilletait un missel pour y chercher les prières du jour. Les bergers tressaient des corbeilles de jonc, les jeunes filles chuchotaient dans un coin. Tous étaient revêtus de leurs habits les plus somptueux. Lysandre et Némorin portaient des vestes élégantes à boutons d'argent, des ceintures de soie aux couleurs éclatantes, de fins souliers à boucles d'or. Les bergères, de leur côté, avaient des robes d'une grande fraîcheur, avec une profusion de rubans et de dentelles. Leurs chapeaux de paille étaient ornés de fleurs nouvelles; à leur cou et à leurs poignets pendaient des guirlandes de perles et de corail, ce qui, en dépit de Boileau, ne dépare pas non plus les bergères. Un air d'animation et de contentement régnait sur les visages. L'arrivée d'un étranger jeune, beau et enjoué, semblait avoir réveillé toute cette petite colonie, qui s'assoupissait parfois dans l'uniformité de son bonheur.

A la vue d'Armand, on se leva avec empressement. Les jeunes gens l'embrassèrent avec cordialité; Estelle et Galatée vinrent elles-mêmes lui présenter timidement leurs fronts purs.

— Merci, merci! mes bons garçons, mes charmantes filles! — dit le capitaine transporté. — Sur ma parole! on se ferait tuer pour avoir dans le vrai paradis la moitié du bonheur que l'on trouve dans le vôtre.

— Silence! et pas de blasphème, jeune étourdi, — interrompit Philémon d'un ton sévère. — Maintenant, rendons-nous à la prière.

On traversa la cour, et l'on entra dans la petite chapelle dont nous avons parlé. Elle était simple à l'intérieur comme une église de village ; quelques cierges brûlaient à l'autel ; des feuilles de roses jonchaient les dalles ; quelques grains d'encens fumaient dans une cassolette d'argent. Philémon, les jeunes gens et l'étranger s'agenouillèrent sur les marches de l'autel ; Guillaume et Victorin, le petit muet et une autre jeune fille qu'Armand n'avait pas encore aperçue, et qui, par une nouvelle singularité, était aussi muette, se prosternèrent derrière eux ; c'était toute la population du val Perdu.

Philémon commença la prière du matin, à laquelle les assistans répondaient respectueusement. Puis il récita l'office du jour, et la cérémonie s'acheva par une allocution courte et bien sentie du prêtre, chef de famille, sur les devoirs de l'hospitalité.

En accomplissant cet acte de religion, l'âme sceptique du jeune militaire éprouvait une émotion inconnue. Cette chapelle rustique, ces jeunes gens aux costumes pittoresques, ce patriarche en cheveux blancs, faisant à ses enfans et ses serviteurs une instruction paternelle, formaient un tableau imposant qui rappelait les premiers âges de l'humanité. Armand croyait assister à une scène de la Bible, et il avait besoin de jeter les yeux sur son rude uniforme pour se souvenir qu'il était en 1799, au temps de Barras et du Directoire exécutif.

La prière finie, on retourna au chalet, où un repas, composé de laitage et de fruits, attendait la famille. On déjeuna gaiement. La conversation roulait sur ces bagatelles, ces petits incidens que fournit naturellement un repas pris en commun. Le déjeuner tirait à sa fin, quand on agita la question de savoir à quel divertissement on emploierait le reste de la journée.

— Le temps est délicieux, — dit Lysandre : — pourquoi n'irions-nous pas chasser aux filets dans les taillis de la montagne Grise ?... Tout sera bientôt prêt ; nous prendrons des ramiers et des colombes.

— Et moi, — dit naïvement Estelle, — je propose d'aller danser sous les charmilles de l'allée verte. Armand nous dira si nous dansons à la mode des bergères de son pays.

— Je suis de l'avis d'Estelle, — dit Némorin ; — de plus, Lysandre et moi nous pourrions nous exercer à la course et au saut... Le prix du vainqueur sera un baiser de nos bergères.

— A mon tour, — dit Galatée, — je crois qu'une promenade en bateau sur le lac serait délicieuse, sitôt que la chaleur sera un peu tombée... Nous pourrions chanter en chœur dans cette petite anse où il y a un si bel écho.

— Vous ne vous entendez guère, mes enfans, — reprit Philémon avec bienveillance ; — chacun de vous ouvre un avis différent. Eh bien ! rapportons-nous-en à notre nouvel ami, et qu'il choisisse lui-même.

— Beaux bergers, aimables bergères, — demanda Armand, — consentez-vous à me prendre pour arbitre ?

— Oui, oui ! — s'écria-t-on de toutes parts.

— Alors danses, concerts, chasse aux oiseaux, promenades sur le lac, j'accepte tout avec enthousiasme, et je propose de nous mettre à l'œuvre sur-le-champ.

— C'est cela ; vivat pour notre joyeux hôte !

On se leva aussitôt, et on quitta la maison pour se répandre dans la ravissante campagne du val Perdu.

La journée se passa pour Armand de Verneuil dans un véritable enivrement, et, quand elle se fut terminée, le soir, par une promenade sur l'eau au clair de la lune, quand l'on fut rentré en chantant au chalet, le jeune militaire convint avec lui-même que bien peu de personnes pouvaient en compter une pareille dans toute leur existence.

Il n'entre pas dans le cadre de cette histoire de relater ce qui se passa heure par heure au val Perdu pendant une semaine environ. Nous dirons seulement que plus Armand vivait au milieu de ces jeunes solitaires, plus la singularité de leurs mœurs et de leur genre de vie renversait toutes ses idées. Leur simplicité et leur innocence, entretenues par l'isolement, étaient inconcevables. Malgré la galanterie superficielle et la douce liberté qui régnaient dans leurs relations, rien n'égalait la réserve des jeunes gens, la pudeur modeste des jeunes filles. Ils n'avaient du monde qu'une idée vague, souvent monstrueuse, peu capable d'éveiller leurs désirs. Ils n'avaient non plus aucune notion de géographie, d'histoire, et à plus forte raison des événemens contemporains. Chose étrange ! aucun d'eux ne savait lire, et Philémon paraissait prendre soin de leur dérober cette science vulgaire. En revanche, chaque soir, au retour des champs, le vieillard lisait à haute voix des extraits choisis de Florian, de Gessner, de Fontenelle, et des autres auteurs anciens ou modernes qui vantent ces douceurs de la vie pastorale à laquelle il avait voulu façonner ses enfans et ses pupilles. Mais le capitaine Verneuil, qui assistait à ces lectures, observa que des passages étaient souvent tronqués ; certaines peintures étaient modifiées, certaines expressions adoucies, de manière à ne pas exciter trop vivement des imaginations ardentes. Philémon s'arrêtait de préférence aux descriptions de scènes champêtres, aux morceaux où l'on célébrait les charmes d'une bonne conscience dans la solitude ; souvent aussi il intercalait dans ses lectures des préceptes fort étrangers aux auteurs auxquels il les attribuait, mais qui probablement avaient une portée spéciale pour ses jeunes auditeurs.

Ce Philémon lui-même eût été un objet d'études sérieuses pour un observateur moins superficiel que l'insouciant militaire. Evidemment il avait longtemps vécu dans la société, et il avait dû y occuper une place distinguée. c'était à lui seul que remontaient la conception et l'exécution des merveilles du val Perdu. Son action puissante s'était manifestée sur le sol comme sur les intelligences ; à l'aide de ressources secrètes et des agens extérieurs dont il avait avoué l'existence à Armand, il s'occupait incessamment d'embellir la petite Arcadie. Tour à tour architecte, sculpteur, jardinier, agriculteur, il s'ingéniait à orner la cage où il retenait captifs de si charmans oiseaux. On le voyait du matin au soir, une serpe ou une bêche à la main, nu-tête au soleil et à la pluie, travaillant avec une ardeur que l'âge ne pouvait affaiblir. Cependant cette activité dévorante ne nuisait en rien à l'inquiète surveillance qu'il exerçait sur ses pupilles, surtout depuis l'arrivée de l'étranger. Quand on le croyait occupé à l'autre extrémité du vallon, on le rencontrait tout à coup au détour d'une allée, dans un bocage solitaire, derrière un rocher, toujours grave, sévère, et semblant dire par sa contenance défiante : « Prenez garde, je suis là ! »

Quels motifs avaient pu déterminer un homme de tant d'énergie et d'intelligence à se séquestrer ainsi avec sa famille ? Tel était le problème qu'il était plus facile de poser que de résoudre. Dans les premiers jours, Armand, trompé par l'air de bonhomie que le vieillard affectait à certains momens, avait cru possible de lui arracher son secret ; mais il n'avait pas tardé à reconnaître que cette bonhomie était toute superficielle. La simplicité et la bonté si naturelles, si naïves, chez les jeunes gens, semblaient chez lui des qualités factices et de convention, dues seulement à l'étude, à une vigilance persévérante sur lui-même. Il éludait avec adresse les questions de Verneuil, ou bien il répondait d'une manière si obscure que sa réponse était encore une énigme.

Pendant la semaine qui venait de s'écouler, la blessure du jeune militaire s'était à peu près guérie ; mais, au rapport de Guillaume, qui s'informait exactement des nouvelles du dehors, les Autrichiens, postés dans le voisinage, continuaient à fermer tous les passages. Armand prenait fort en patience les obstacles qui s'opposaient à son départ. Chaque jour amenait une nouvelle fête. Une douce familiarité s'était établie rapidement entre lui et les jeune gens. Estelle et Némorin le traitaient comme un frère. Lysandre et Galatée, plus âgés et plus réservés dans leurs épanchemens, s'efforçaient incessamment de lui rendre la vie douce et facile. Depuis que le jeune officier habitait le val Perdu, un grand changement s'était opéré dans le caractère et les habitudes du berger et de la bergère. Le fils aîné de Philémon ne manifestait plus cette timidité triste, ce goût absolu d'autrefois pour la solitude. Il recherchait la compagnie d'Armand, se plaisait avec lui, et, sans le questionner encore, semblait prendre plaisir à l'écouter. De même Galatée avait perdu sa vague expression de mélancolie. Elle était devenue gaie, vive, causeuse comme sa sœur; le contentement éclatait sur son beau visage, et Armand n'eût pu reconnaître en elle la langoureuse bergère dont il avait surpris les confidences si peu de jours auparavant. Ces observations n'avaient pas échappé à l'œil jaloux de Philémon, et sans doute elles avaient une signification particulière pour le patriarche, car elles parurent le frapper vivement.

Un matin, à l'issue du déjeuner, au moment où bergers et bergères se préparaient à conduire les troupeaux aux pâturages, Philémon, qui s'était montré plus taciturne et plus rêveur qu'à l'ordinaire, leur fit signe de reprendre leurs places autour de la table. Ils obéirent en silence et avec quelque étonnement.

— Mes enfans, — dit le vieillard d'un ton solennel, — j'ai une communication à vous faire, qui intéresse votre bonheur. — Armand voulut se retirer par discrétion. — Restez, — dit Philémon; — vous êtes notre ami, vous devez avoir part à nos joies de famille. — L'officier s'inclina et se rassit, fort intrigué de savoir où aboutiraient ces préparations singulières. — Mes enfans, — continua le patriarche du val Perdu, en pesant chacune ses paroles, — le moment est venu où les liens qui nous unissent tous doivent être resserrés d'une manière plus étroite... Jusqu'ici, vous le savez, je n'ai fait aucune différence dans mes affections entre mes propres fils et les filles de ce vénérable ami qui, en mourant, me confia le soin de veiller sur elles. Néanmoins il me reste encore un devoir à remplir. Mon fils Lysandre, je vous ai fiancé dès l'enfance à ma pupille Galatée, et vous, Estelle, vous êtes promise de même à Némorin. Je ne veux pas retarder davantage l'heure attendue par tous peut-être avec une secrète impatience... Vous êtes d'âge à être mariés, vous le serez dans huit jours. — Les jeunes gens tressaillirent; mais personne n'osa interrompre le patriarche avant qu'il eût achevé. — Pour cette circonstance grave, — continua Philémon, — il faudra nécessairement enfreindre la règle qui interdit l'entrée de notre vallée aux personnes du dehors. Un prêtre catholique, dont la discrétion m'est garantie, sera introduit par Guillaume, et le même jour il bénira ce double mariage dans notre chapelle... Préparez-vous à cette sainte cérémonie.

Un seul cri de joie se fit entendre; il était poussé par Némorin, qui, dans ses transports d'allégresse, lança son chapeau jusqu'au plafond; mais les autres fiancés restèrent muets. Lysandre était pâle; Galatée, les yeux baissés, semblait frappée de la foudre; Estelle faisait une petite moue de mauvaise humeur. Il n'était pas jusqu'au capitaine Verneuil, à qui pourtant le projet du vieillard devait être indifférent, qui ne parût profondément consterné.

— En vérité, Philémon, — dit Estelle avec la hardiesse espiègle d'une enfant gâtée, — vous vous hâtez bien de récompenser du don de ma main votre Némorin étourdi... Il ne m'a encore guère méritée, que je sache. Cependant, d'après les livres que vous nous lisez le soir, il faut qu'un berger ait longtemps gémi et longtemps souffert pour obtenir sa belle; il faut qu'il l'ait rudement chagriné, qu'elle lui ait imposé les plus pénibles épreuves; or, je suis si bonne que je n'ai pas encore pensé à tourmenter sérieusement votre fils.

— Eh bien! — répliqua le vieillard en souriant malgré lui, — il n'y a pas de temps de perdu, ma petite.

— Ah! Estelle! Estelle! — s'écria le pauvre Némorin avec une douleur comique, — vous êtes bien ingrate! Est-ce là la récompense de tant de nids d'oiseaux cherchés dans les ronces et les épines, de tant de fleurs cueillies à la rosée du matin, de tant de soupirs sur le flageolet et la flûte?

La bergère prit un air de reine offensée; mais, en remarquant la contenance piteuse de son malheureux amant, elle partit d'un franc éclat de rire, et la réconciliation fut scellée par un baiser.

Cette naïve discussion était passée inaperçue pour l'autre couple de fiancés. Lysandre et Galatée se taisaient toujours, lui sombre et rêveur, elle éperdue et tremblante. Philémon les observait de son œil froid et inquisiteur.

— Mon père, — dit enfin Lysandre avec un effort de courage, — permettez-moi de vous rappeler les aveux que j'ai déjà osé vous faire une fois... Je ne suis pas encore parvenu, je le crains, à mériter l'affection entière de Galatée; c'est ma faute, sans doute, je le reconnais humblement... Je vous prie néanmoins d'attendre encore un peu de temps. Je suis plein de respect pour votre autorité, mais je vous supplie de songer...

— Vous êtes trop modeste, Lysandre, — interrompit sèchement Philémon; — vous vous abusez sur les sentimens de ma pupille... Voyez, c'est une fille douce, obéissante; elle ne songe pas, comme vous, à élever la voix en ma présence. — La pauvre Galatée, en effet, terrifiée par ce regard sévère, était incapable de prononcer une parole de protestation. — Il suffit, — dit enfin le vieillard; — il y a une chose plus forte que ma volonté dans cette affaire, c'est la nécessité. Maintenant, que chacun de vous se rende à ses occupations, comme à l'ordinaire; et si quelqu'un de vous, mes enfans, blâmait dans son cœur ma détermination irrévocable, il comprendrait à la réflexion que je suis le plus vieux, le plus sage, que j'ai pour tous une affection paternelle, et que personne ne peut être le meilleur juge de votre bonheur.

En même temps il prit son grand bâton derrière la porte et sortit.

Estelle et Némorin ne tardèrent pas à sortir aussi, moitié riant, moitié se querellant. Galatée, appuyée contre le dossier d'un fauteuil, ne semblait ni voir ni entendre ce qui se passait autour d'elle. Des larmes descendaient lentement le long de ses joues. Armand s'approcha et voulut lui prendre la main. Elle se détourna avec vivacité.

— J'en mourrai, — murmura-t-elle d'une voix étouffée, — j'en mourrai!

Et elle s'échappa précipitamment.

Verneuil, ému, allait la suivre, mais la voix de Philémon qui se fit entendre au dehors lui rappela la nécessité de la prudence. Au même instant on le toucha légèrement, et Lysandre lui dit à l'oreille:

— Armand, mon ami, mon frère, j'attends de vous un signalé service... Venez me joindre dans la journée au rocher Blanc, où je dois conduire mes troupeaux; j'aurais des choses importantes à vous apprendre... Surtout, gardez qu'on ne vous suive et qu'on ne vous voie avec moi!

Le capitaine promit; Lysandre lui serra la main et disparut.

IV.

GALATÉE ET LYSANDRE.

Peu d'instans après cette scène, le capitaine Verneuil sortait de la maison d'un air d'insouciance et d'ennui trop affecté pour être sérieux. Il portait sous son bras un léger carton contenant du papier et tout ce qu'il fallait pour dessiner, son délassement ordinaire quand ses jeunes hôtes étaient aux champs. Il rôda un moment dans la cour, en regardant au loin comme s'il eût hésité à choisir, parmi les charmans paysages environnans, celui qu'il devait esquisser ce jour-là ; mais, en réalité, il cherchait à s'assurer de l'endroit précis où se trouvait Philémon. Il l'aperçut bientôt occupé à ouvrir les châssis vitrés des serres pour y faire pénétrer un air vivifiant. Sûr que le vieillard, dont les serres étaient le principal souci, serait longtemps retenu de ce côté, il parut se décider tout à coup, et marcha en sifflotant vers l'avenue de tilleuls. Mais, au bout de cent pas, changeant brusquement de direction, il s'enfonça dans les bosquets et les plantations dont les détours lui étaient déjà familiers.

On était presque au milieu du jour. Un soleil sans nuage versait d'aplomb la lumière et la chaleur dans le val Perdu, où ses rayons, se concentrant comme en un vaste miroir concave, entretenaient la température méridionale à laquelle le sol devait sa merveilleuse fécondité. L'atmosphère semblait embrasée ; c'était à peine si un souffle d'air moins brûlant se glissait parfois sous les charmilles ombreuses. Armand s'avançait avec des précautions infinies dans le plus épais du bocage, prenant grand soin de ne pas fouler les hautes herbes qui eussent gardé l'empreinte de ses pas. Quand il arrivait à ces clairières, à ces *salles de verdure*, qui de distance en distance coupaient la monotonie de ces lieux solitaires, et au centre desquelles s'élevaient tantôt un petit temple de marbre, tantôt une fontaine en rocailles, tantôt une statue de Pomone ou de Cérès, il s'arrêtait, scrutant de l'oreille et des yeux les profondeurs du bois. Puis il soupirait et se perdait de nouveau, semblable à une ombre silencieuse, dans les massifs de feuillage.

Comme il approchait du lac, dont il apercevait les eaux limpides miroiter à travers les arbres, ses recherches furent enfin couronnées de succès.

Entre le taillis où Armand se tenait encore abrité et la rive paisible du lac, s'étendait une belle prairie, émaillée en tous temps de pâquerettes, de boutons d'or et de mille autres fleurs sauvages ; on l'appelait le pré des Anémones. Sur ce moelleux tapis bondissaient quelques agneaux turbulens dont les mères dormaient dans le gazon. Galatée était assise, rêveuse et morne, à l'ombre d'un saule dont le feuillage argenté retombait presque jusqu'à terre. Les couleurs vives de ses vêtemens de soie la trahissaient seules à travers les vergettes pendantes de l'arbre, car elle ne faisait aucun mouvement. Une de ses mains soutenait son visage baigné de pleurs, l'autre était posée sur la tête de son chien, paisiblement endormi à son côté. Son petit pied, chaussé d'une mule de maroquin, s'échappait furtivement des plis onduleux de sa tunique.

Armand était si près d'elle qu'il pouvait voir jusqu'aux larmes qui roulaient en perles liquides sur les joues de la bergère. Mais il n'osait avancer d'un pas de plus, saisi de respect pour cette douleur si profonde et si calme.

Tout à coup il lui sembla que les lèvres entr'ouvertes de la jeune fille venaient de laisser échapper un nom faiblement articulé. Était-ce réalité ? était-ce erreur d'une imagination fortement surexcitée ? Armand avait cru reconnaître le sien. Un frémissement parcourut ses membres ; son cœur battit avec violence. Le corps penché en avant, le cou tendu, il prêta l'oreille.

— Armand ! — répéta Galatée, et cette fois d'une voix claire et distincte.

C'était donc vrai ! C'était lui qui occupait la longue rêverie de la belle Galatée, c'était lui qu'elle appelait au milieu de ses souffrances secrètes ; son cœur battant comme une explosion de joie ; la tête lui tourna, il devint fou. Il s'élança d'un bond vers la bergère, et, tombant à ses genoux, il s'écria avec un accent dont rien ne saurait rendre l'entraînante énergie :

— Me voici, Galatée, disposez de moi... mon âme, ma vie, tout vous appartient, car je vous aime.

La jeune fille, effrayée par cette subite et impétueuse apparition, s'était levée tremblante.

— Armand, — demanda-t-elle, — vous étiez là ? vous m'avez entendue ?... De grâce, retirez-vous, on pourrait nous surprendre !

— Je braverais l'univers entier !... Oh ! laissez-moi à cette place, et, je vous en conjure par tout ce que vous avez de plus cher, dites-moi comment je dois interpréter ce nom prononcé tout à l'heure dans le silence de vos méditations !...

— Je n'ai rien dit, — balbutia la jeune fille en détournant son visage qu'elle couvrit de ses deux mains ; — je... je ne vous comprends pas...

— Enfant, — s'écria Verneuil, — soyez franche et bonne comme vous l'avez toujours été ! N'essayez pas de mentir ; votre bouche et votre cœur s'y refuseraient également... Oh ! je n'osais même concevoir une telle espérance !... mais pourtant vous ai-je bien entendue ? Ne me trompai-je pas ? Galatée, répondez, de grâce ! est-il possible que vous m'aimiez ?

Elle se tut un moment.

— Eh bien ! Armand, — reprit-elle enfin sans se découvrir le visage, — si par malheur vous aviez deviné juste, vous et moi que pourrions-nous attendre de ce fatal amour ?

Et les larmes de la bergère recommencèrent à couler à travers ses doigts effilés.

— Ce que nous pouvons en attendre ? — répéta le militaire avec feu ; — mais le bonheur, Galatée ! un bonheur pur et sans bornes... Ah ! Galatée, si vous m'aimiez comme je vous aime, vous ne demanderiez pas ce que nous avons à attendre de cet amour !

— Ne parlez pas ainsi, Armand, — dit tristement la bergère ; — il est trop tard maintenant pour vous cacher la vérité... Du premier moment où je vous ai vu, j'ai cru avoir trouvé en vous ce type de grandeur, de noblesse et de courage dont les beaux livres de Philémon m'avaient donné l'idée ; je me suis sentie irrésistiblement entraînée vers vous... J'ai tort, sans doute, d'avouer cela ; mais comment faire, puisque c'est vrai ?... Cependant, pour l'un et pour l'autre, il eût mieux valu refouler ces aveux au fond de nos cœurs, car bientôt, demain peut-être, nous devrons nous quitter pour ne plus nous revoir... Je ne puis être à vous ; je suis déjà la fiancée d'un autre.

— Qu'importent les obstacles ? — s'écria le jeune homme chaleureusement ; — aimez-moi, chère Galatée, et viennent les difficultés, nous les renverserons. Je vous dis que rien n'est impossible à ceux qui s'aiment... Écoutez ; pour rester près de vous, je serais capable de renoncer au monde, aux honneurs, à la gloire ; je m'établirais dans ce désert, vous me tiendriez lieu de tout le reste... Si l'on voulait nous séparer, je deviendrais comme un lion ; je vous arracherais d'ici par ruse ou par force, je vous emporterais loin de ceux qui osent s'arroger des droits sur votre volonté... Oh ! ne doutez pas, Galatée ! confiance ! l'amour vrai triomphe des hommes et de la destinée !

Il la força doucement de se rasseoir sur l'herbe, et il prit place à côté d'elle.

Alors ce fut, sous l'ombrage mouvant de ce saule, un murmure de tendres propos, de doux sermens, de promesses sans fin, comme en échangent deux amans dans toute la candeur de la jeunesse et la fraîcheur de l'âme ; ce fut comme un roucoulement de ramiers sous la feuillée : et une fauvette, qui se mit à gazouiller gaiement du haut d'un chêne voisin, mêla ses chants à leur babillage amoureux.

Quelques minutes s'étaient passées ainsi, quand il se fit un léger bruit sur le lac, dont la surface paisible se brisa en mille lames brillantes ; on eût dit de deux avirons frappant l'eau à intervalles réguliers. La fauvette se tut ; les amoureux écoutèrent :

— Armand, — dit enfin Galatée, — c'est Philémon... Fuyez ; il m'a défendu de me trouver seule avec vous.

— Que nous font les ordres de ce vieillard grondeur ?

Ne pouvons-nous causer en liberté sous ces frais ombrages sans exciter sa tyrannique défiance ?

— Philémon est mon second père, — dit la bergère timide ; — son mécontentement m'attriste et ses reproches m'épouvantent... D'ailleurs, songez-y, Armand, il nous séparerait !

— Je m'éloigne donc ; mais promettez-moi du moins que nous nous reverrons bientôt... ce soir...

— Ce soir ?... Armand...

— Pourquoi non, puisque nous sommes exposés tout le jour, à toute heure, à un insupportable espionnage ?... Galatée, la chambre que vous partagez avec Estelle donne dans la serre, dont la porte est toujours ouverte. Il vous sera facile de sortir par là quand votre sœur sera endormie. Moi, de mon côté, je franchirai aisément ma fenêtre, peu élevée au-dessus du sol, et j'irai vous attendre sous le grand oranger... Vous viendrez, n'est-ce pas ? promettez-moi de venir.

— Armand, — murmura la jeune fille d'un air irrésolu, — ce que vous demandez est mal, bien mal, j'en suis sûre !

— Galatée, que pourriez-vous craindre ?

— Je ne sais... Eh bien ! je verrai, je réfléchirai... Mais partez, partez ; Philémon approche.

— Vous viendrez !

— Peut-être.

— Adieu donc, ma Galatée, adieu... à ce soir !

Il appuya sa bouche contre les lèvres de la bergère, et s'enfuit, la laissant toute rouge et palpitante.

Il était temps ; au moment où Verneuil disparaissait dans le taillis, la proue dorée du bateau écartait les touffes d'iris et de nénuphars qui couvraient le rivage du lac, et Philémon, se penchant sur les rames, jetait un regard soupçonneux dans le pré des Anémones.

Armand, non moins ému que Galatée elle-même, courait à travers les plantations sans s'inquiéter où il allait. Il avait mené une vie trop active et trop agitée jusqu'à ce jour pour avoir pu se blaser sur les vulgaires amours de garnison. Il aimait donc sincèrement pour la première fois, et ce sentiment se manifestait avec l'énergie d'un cœur jeune et vierge. Il n'avait rien prévu, rien préparé de ce qui venait de se passer. Il avait cédé à l'inspiration du moment, sans calculer où pouvait le conduire une passion que tant de motifs eussent dû l'engager à combattre. Sa confiance n'était pas feinte ; il n'avait pas réfléchi aux obstacles qui le séparaient de Galatée, et il croyait de bonne foi les surmonter aisément quand il voudrait le tenter. Mais, dans ce moment d'exaltation suprême, il n'y songeait même pas ; une seule pensée l'occupait, c'était la certitude d'être aimé. Il errait d'un pas inégal dans ces riantes campagnes, fier, joyeux, triomphant. Parfois il s'arrêtait pour se dire : « Je suis aimé de Galatée ! » puis il reprenait sa course vagabonde, souriant à toutes choses. Les arbres lui semblaient plus verts, les cieux plus purs, les eaux plus limpides, les fleurs plus parfumées qu'auparavant. Cette splendide nature qu'il admirait célébrait la fête de son bonheur ; c'était son amour que murmuraient les ruisseaux, que chantaient les oiseaux dans les buissons, que soupirait la brise tiède du milieu du jour dans les acacias en fleurs.

Ainsi rêvant, le jeune officier était arrivé à l'extrémité du vallon. Là le paysage prenait un caractère d'âpreté et de grandeur. Les bosquets soigneusement taillés, les plantations symétriques, les sentiers sablés et savamment conduits à travers les pittoresques inégalités du terrain, cessaient tout à coup. De grands rochers, entassés comme par la main d'un géant, se dressaient vers le ciel. Cependant ces rochers avaient un aspect plutôt majestueux que sombre. Le soleil formait un brillant arc-en-ciel au-dessus du torrent qui descendait le long de leurs flancs en cascades de neige. Des plantes odorantes tapissaient leurs crevasses, et leurs pieds se perdaient dans de riches pâturages, où des vaches magnifiques ruminaient paisiblement à l'ombre.

Verneuil s'était arrêté devant cette imposante barrière, et il la contemplait machinalement, absorbé qu'il était par ses pensées amoureuses. Pendant qu'il restait ainsi immobile, on marcha près de lui, et Lysandre, se montrant tout à coup, lui prit amicalement la main.

— Je savais bien que vous viendriez, — dit-il avec reconnaissance. Le jeune militaire avait complètement oublié le rendez-vous convenu le matin avec le fils de Philémon, et le hasard seul l'avait conduit de ce côté. Quand les paroles du berger lui eurent remis cette promesse en mémoire, il n'en éprouva pas moins quelque embarras de se trouver en présence de l'honnête et bon jeune homme à qui il venait de ravir l'amour de sa fiancée. Il retira sa main, et regarda derrière lui. Lysandre se méprit sur ses intentions : — Ami, ne craignez rien, — reprit-il en souriant ; — Philémon est occupé sur le lac à relever les filets, il ne peut venir de sitôt nous surprendre, et nous aurons le temps de causer... Suivez-moi. — Il conduisit Armand vers une espèce de grotte peu profonde, tapissée de mousses et de capillaires, où régnait par cette température tropicale une agréable fraîcheur. Il s'assit sur un banc de pierre, et invita son compagnon à prendre place près de lui. — Vous voyez mon cabinet d'étude, — dit le berger ; — c'est ici que j'ai passé de longues et tristes journées, seul avec ma pensée et avec Dieu... C'est ici aussi que j'aurai la consolation, pour la première fois de ma vie, de parler de mes chagrins secrets et de me montrer enfin tel que je suis. — En ce moment Lysandre n'avait plus rien de cette simplicité un peu farouche, de cette contrainte mélancolique d'autrefois. Sa parole était nette, son geste hardi, sa contenance grave et noble ; on eût dit d'une transformation complète. Verneuil, fort surpris, ne se relâchait pas néanmoins de sa réserve embarrassée avec ce jeune homme qui lui montrait tant de confiance et d'affection. Lysandre sembla deviner le motif de cette froideur. — Avant toute chose, Armand, — reprit-il, — nous devons nous expliquer franchement sur un sujet délicat... Vous aimez celle que mon père m'avait choisie pour fiancée ; vous aimez Galatée.

Le capitaine fit un mouvement.

— Comment savez-vous ?... qui a pu vous dire.. ?

— Je l'ai vu, mon cher Armand, et plaise au ciel que j'aie été seul à m'en apercevoir ! car Philémon est difficile à tromper... Ami, que cette apparente rivalité ne soit pas un motif de discorde entre nous. Méritez l'amour de Galatée, et je serai le premier à prier mon père de combler vos vœux. Je ne me ferai même pas un mérite de ce sacrifice auprès de vous ; je n'ai pour Galatée qu'une amitié fraternelle, et de son côté, je le sais, elle voit avec chagrin les projets de Philémon.

Armand fut désarmé ; il serra à son tour la main de Lysandre.

— Vous êtes un loyal et généreux garçon, — lui dit-il avec cordialité ; — aussi vous avouerai-je sans détours que vous ne vous êtes pas trompé : j'aime Galatée, et j'ai l'espoir d'être aimé d'elle. En me donnant la certitude que je puis me livrer sans remords à un sentiment irrésistible, vous me soulagez d'un grand poids, et je voudrais vous témoigner ma reconnaissance d'une conduite si droite et si digne, fût-ce au risque de ma vie !

— Je ne demande pas tant, — répliqua Lysandre avec un sourire ; — je vous supplie seulement de m'écouter un instant avec patience ; puis j'implorerai vos conseils et peut-être votre appui.

— Mes conseils ! comment le sage et judicieux Lysandre pourrait-il en avoir besoin ? Je serais bien aveugle si je n'avais déjà remarqué en lui cet esprit juste, cette maturité de raison qu'on devait si peu s'attendre à trouver chez un jeune homme élevé comme lui dans une retraite absolue.

Un sentiment de satisfaction se refléta sur la belle et sereine physionomie du fils de Philémon.

— Ainsi donc, — reprit-il, — vous m'avez deviné ?... Eh bien ! je ne m'en cacherai pas, Armand, j'en conviendrai avec un légitime orgueil, je ne suis pas ce que je parais être. L'isolement, l'étude et la réflexion ont suppléé pour moi à la pratique des hommes et à l'enseignement de l'instituteur. J'ai beaucoup médité sur ce que je savais, beaucoup deviné de ce que je ne savais pas... D'ailleurs, — ajouta-t-il en baissant mystérieusement la voix, — j'ai eu un moyen de m'instruire qui a manqué à mon frère et à ces pauvres jeunes filles, séquestrés du monde comme moi... Armand, ce que personne ici ne soupçonne, ce qui attirerait sur moi toute la colère et l'indignation de mon père s'il venait à découvrir mon secret, je vous le dirai à vous : Armand, je sais lire ! — Le capitaine Verneuil ne put s'empêcher de sourire de l'air pénétré de Lysandre en lui révélant une chose aussi simple. — Vous riez, — reprit le berger avec tristesse : — ah ! vous ne savez guère quels soins, quelles peines, quels prodiges de patience m'a coûtés la connaissance de ces caractères familiers aux plus petits enfans de l'autre côté de ces montagnes ! Quand mon père se décida à quitter la grande ville et la maison que nous habitions pour venir s'établir ici avec ses fils et ses pupilles, j'avais six ans à peine. A cet âge les souvenirs s'effacent vite. Aussi ai-je oublié promptement tout ce qui eût dû me frapper : les personnes qui nous entouraient, le rang de mon père, et jusqu'aux noms que nous portions alors et qui étaient différens de ceux d'aujourd'hui. Une seule chose m'était restée : je devais aux soins d'une bonne vieille gouvernante qui m'avait élevé, car j'ai à peine connu ma mère, les premières notions de lecture. Dès que nous fûmes enfermés dans cette vallée, Philémon s'efforça d'arracher de ma mémoire ces faibles germes d'instruction. Aucun livre n'était laissé à ma portée : ni Victorin, ni Guillaume, serviteurs et confidens dévoués de mon père, n'eussent voulu transgresser ses ordres en me donnant les indications nécessaires. Je paraissais donc condamné à une ignorance absolue. Cet excès de rigueur même fut ce qui me sauva. D'abord par le sentiment frivole de contrariété inhérent à l'enfance, plus tard par une vague intuition de l'importance de l'instruction, je m'étudiai en cachette à me rappeler les leçons de ma gouvernante : le moindre fragment de papier imprimé, la légende d'une gravure, servaient de texte à mes patientes recherches. Au bout de quelques années, la surveillance de mon père se relâcha ; tout à fait rassuré sur le résultat de ses efforts, il cessa de m'épier, et je pus me livrer avec plus de liberté à mon goût pour l'étude. Philémon, comme vous avez pu déjà vous en apercevoir, possède des connaissances étendues ; il a fait transporter dans les combles de notre maison une grande quantité de livres, autrefois sans doute feuilletés fréquemment, mais négligés depuis longtemps au milieu d'une vie active et laborieuse. C'est dans ces livres que j'ai appris le monde. Réfugié au fond de cette grotte ou derrière quelques roches écartées, j'ai passé bien des journées à méditer sur des phrases obscures, à chercher le sens de quelques passages, inintelligibles peut-être pour moi seul. Toutefois je suis parvenu à prendre une idée assez exacte de la société humaine, de ses tendances, de ses besoins, de ses devoirs. Sans doute la fréquentation des hommes modifierait encore en moi bien des jugemens, rectifierait bien des idées fausses ; mais, tel que je suis, il me monte encore des bouffées d'orgueil quand je songe à ce que je pourrais être.

— Vous avez raison, Lysandre, — dit Armand avec admiration, et il doit y avoir de grandes joies pour vous dans ces études solitaires où vous consumez votre vie.

— Des joies, dites-vous? — répliqua le jeune homme d'un air d'accablement; — cela devrait être en effet, ami, mais cela n'est pas... Souvent même je me prends à penser que Philémon avait raison de nous interdire cette science fatale qui éveille les désirs et rend le bonheur impossible. Si, comme Némorin, par exemple, j'avais vécu dans l'ignorance absolue de ce qui existe au delà de ces rochers, je ne serais pas en proie à ces aspirations ardentes, à ces sombres inquiétudes qui ne me laissent de trève

ni le jour ni la nuit. Content de vivre et de mourir ici, dans l'abondance et la paix, je me fusse soumis aux ordres de mon père; ma vie se fût écoulée calme et limpide comme un ruisseau sur le sable. Au lieu de cela, je me préoccupe sans cesse de ce monde au milieu duquel ma place était marquée à ma naissance; je me dis qu'avec l'intelligence, la volonté et le courage dont le ciel m'a doué, j'eusse pu jouer un rôle important sur cette vaste scène, me rendre utile à mes semblables, mériter leurs éloges et leur reconnaissance. Que de fois, Armand, à cette place où nous sommes, ai-je relu l'histoire de tant de grands hommes, savans et penseurs, publicistes et poëtes, dont l'Europe s'honore, et ai-je envié leur noble destinée ! Que de fois me suis-je pris à songer que, du fond de ce désert inconnu, je pourrais aussi m'élancer, moi maintenant pauvre et obscur, pour remplir sur terre quelque grande mission de dévouement et d'amour !.... Puis, quand au sortir de ces rêves brillans je songe à mon inutilité, à mon impuissance, à ce costume ridicule qui me couvre, à ces occupations vulgaires qui m'absorbent, j'en viens à me mépriser moi-même... Tout ici me déplaît et me pèse ; j'étouffe, je me dessèche et je me dis qu'il faut que je m'échappe ou que je meure !

Ces dernières paroles furent prononcées avec une chaleur qui décelait une résolution inébranlable. Verneuil avait écouté d'un air attentif.

— Ce sont là de fâcheuses idées, mon bon Lysandre, — reprit-il doucement, — et vous voyez peut-être à travers de dangereuses illusions cette humanité que vous connaissez seulement par théorie. Elle ne vaut pas, croyez-moi, ce que vous perdriez ici... Est-il rien de plus désirable que de vivre sans trouble et sans ambition dans cette délicieuse retraite, en présence d'une splendide nature, au milieu des joies de la famille ?

Le fils de Philémon secoua la tête.

— C'est vous plutôt, Armand, qui vous livrez à des illusions décevantes ; mais vous n'avez pas encore secoué le charme de la première impression, et d'ailleurs votre amour pour Galatée pare ces lieux d'un prestige qu'ils n'ont pas par eux-mêmes. Les années sont bien longues dans une prison, si riante que cette prison semble d'abord !

— Vous avez peut-être raison, — reprit Verneuil après un moment de réflexion, — d'autant plus que, si j'ai bonne mémoire, vous n'êtes pas le seul ici à qui cette existence soit devenue insupportable... Eh bien ! Lysandre, parlez sans crainte ; vous attendez de moi, n'est-ce pas, que je vous facilite les moyens de fuir du val Perdu ?

— Vous n'y êtes pas encore, — répliqua Lysandre avec un faible sourire ; — vous oubliez, Armand, que, vivant toujours seul, je suis habitué à ne compter que sur moi-même... Je n'employais pas ici tout mon temps à l'étude, — ajouta-t-il d'un ton mystérieux ; — ma main n'était pas plus oisive que ma tête. Malgré les précautions de mon père pour rendre ce vallon inaccessible, malgré la fidélité inébranlable de ses serviteurs, je ne suis que prisonnier volontaire. Demain, ce soir, dans une heure, je puis, si je le veux, être en liberté hors de l'enceinte du val Perdu ! — Et comme Armand le regardait tout effaré :

— Voyez-vous ces rochers ? — continua-t-il en désignant du doigt les hauteurs voisines ; — un chamois semblerait seul capable de les franchir ; cependant, à force de temps et de travaux, j'ai tracé un sentier à travers ces blocs si serrés en apparence les uns contre les autres... Quand la pente était trop raide, je pratiquais des marches dans le granit ou je creusais des tranchées souterraines. Cette œuvre m'a coûté trois années de fatigues, et elle est encore bien imparfaite. De l'endroit où nous sommes on n'en découvre nulle trace ; du sable et du gravier couvrent les marches, des plaques de gazon cachent les tranchées. Je ne pouvais prendre trop de précautions pour dérober mon travail à l'inquisition de mon père ; mais en quelques minutes le sentier peut être déblayé, et il me serait facile d'arriver à Rosenthal aussi vite que par le passage dont Guillaume est le vigilant gardien.

Verneuil était presque épouvanté de la prodigieuse énergie de ce jeune homme, qui avait pu concevoir et exécuter d'aussi grandes choses.

— Mais alors, — demanda-t-il, — comment restez-vous encore ici après avoir préparé avec tant de peines vos moyens de fuite?

— Ne le devinez-vous pas? — répondit Lysandre avec émotion. — Je suis le fils aîné de Philémon, la pierre angulaire de ses projets pour l'avenir; c'était à moi qu'il devait confier la direction de cette petite colonie, quand l'âge et les infirmités lui auraient rendu sa tâche impossible; et mon cœur se serre à la pensée du chagrin que lui causerait mon abandon. Philémon nous aime, malgré l'étrangeté de sa conduite envers nous; notre bonheur l'occupe sans cesse, et s'il s'est trompé sur les moyens de l'assurer, il n'y aurait pas moins d'ingratitude à méconnaître ses intentions... Voilà, Armand, ce qui m'a retenu au val Perdu, malgré l'ennui qui me ronge parfois. Au moment d'exécuter mon projet de fuite, le courage me manquait toujours quand je me représentais mon vieux père au désespoir... D'ailleurs je ne me dissimulais pas les immenses difficultés qui m'attendaient hors d'ici. Qui guiderait mes premiers pas dans ce monde nouveau? où aller? comment vivre parmi ces milliers d'individus qui s'arrachent les moyens d'existence? Je me souviens à peine d'avoir vu, dans ma plus tendre enfance, ces pièces de métal avec lesquelles tout s'achète là-bas, même la vie et la conscience des hommes, je ne pouvais donc raisonnablement rien tenter avant d'avoir trouvé un ami pour m'éclairer et me défendre au milieu de ces premières et difficiles épreuves. Cet ami, Armand, j'ai espéré tout d'abord le rencontrer en vous quand, par une circonstance que je croyais impossible, vous êtes inopinément arrivé dans cette vallée. Cependant j'eusse peut-être encore tardé à vous faire ces confidences si ce matin mon père, en me signifiant impérieusement ses ordres, ne m'eût décidé à précipiter l'exécution de mon plan. Maintenant vous savez mes secrets, Armand, et c'est de voir si vous êtes disposé à me servir. Dans le cas où certains scrupules de conscience vous le défendraient, je n'oserais pas m'en plaindre...

— Pas un mot de plus à ce sujet, mon brave garçon, — interrompit le capitaine Verneuil; — mes engagemens avec votre père ne sauraient me déterminer à une lâcheté... Malheureusement, dans les circonstances actuelles, j'ai plus de bonne volonté que de pouvoir pour vous venir en aide. Soldat, et exposé aux caprices de la guerre, dans un pays ennemi, il me sera difficile peut-être de vous accorder une protection très efficace; mais il n'importe! Vous pouvez compter sur moi; je vous appartiens corps et âme.

— Je serais fâché d'être pour vous un embarras ou une charge, — dit le jeune homme en rougissant légèrement; — je ne compte pas exiger de vous des soins bien attentifs au delà des premiers jours. Je comprendrai bien vite les nécessités de ma condition nouvelle, et je m'y soumettrai sans peine. J'ai la conscience de ma force, et je crois au succès. Impatient d'être utile à mes semblables, je saisirai la première occasion de faire quelque chose de bien pour mériter leur estime et leur sympathie.

Armand lui serra la main.

— Noble enfant! — dit-il, — qui espère, dès ses premiers pas dans la vie, trouver une action généreuse à accomplir... Mais raisonnons, Lysandre. Il importerait de vous assurer un appui plus solide que le mien. Cherchez bien dans votre mémoire; n'est-il pas quelque parent, quelque ancien ami de votre père, à qui vous pourriez demander asile? vous appartenez sans doute à une famille riche, et peut-être...

— J'ai déjà inutilement fouillé ces vagues et lointains souvenirs.... Je vous l'ai dit, Armand, j'ai oublié jusqu'au nom que je portais autrefois.

Armand réfléchit quelques instans.

— Bah! — reprit-il enfin avec son insouciance habituelle, — nous finirons bien par trouver la solution de ces difficultés. Nous avons encore quelques jours devant nous pour y penser... Peut-être, Lysandre, ce chemin que vous avez eu la constance de vous frayer avec tant de peine pourra-t-il nous rendre de grands services, à nous et à d'autres encore... Je verrai, j'examinerai; et si je parvenais à obtenir le consentement de... — Il s'interrompt brusquement. Le jeune berger attendait l'explication de ces paroles; mais Verneuil ne jugea pas à propos de la donner.— Courage, ami, — reprit-il gaiement. — et espérons que tout s'arrangera à notre gré... Mais il faut maintenant nous séparer. Philémon me surveille avec une sorte d'opiniâtreté, et il pourrait prendre ombrage de mon absence.

— En effet, — répliqua Lysandre avec inquiétude,—la journée s'avance, et nous nous sommes oubliés dans ces longues confidences... Eloignez-vous sans tarder... C'est miracle que nous n'ayons pas déjà été surpris.

Les jeunes gens convinrent de se revoir bientôt, et ils se quittèrent après s'être embrassés comme deux frères.

A peine Armand eut-il fait cinquante pas dans le bocage, qu'il rencontra Philémon, tête nue et son long bâton à la main, suivant sa coutume.

Le vieillard paraissait fort agité. En reconnaissant Verneuil, il lui lança un regard pénétrant; mais aussitôt, donnant à son visage une expression placide et bienveillante:

— Je vous ai beaucoup négligé aujourd'hui, mon cher enfant, — dit-il doucereusement; — pendant toute cette journée, je vous ai laissé livré à vous-même... Excusez-moi; j'espère désormais remplir mieux les devoirs de l'hospitalité.

Ces mots contenaient une menace, Armand le sentit; mais il répondit avec beaucoup de sang-froid qu'il serait désolé de déranger Philémon de ses travaux ordinaires, et que, quant à lui, il savait prendre son parti de la solitude.

— Fort bien, mon hôte, — répliqua le patriarche du val Perdu; mais de quel côté aviez-vous donc porté vos pas, qu'il était si difficile de vous retrouver?

— Je suis allé au rocher Blanc prendre quelques croquis.

— A merveille!... Vous êtes un habile artiste, Armand, et j'ai un goût particulier pour vos esquisses; ne pourriez-vous me montrer celles que vous avez faites aujourd'hui?

Armand s'aperçut alors qu'il avait perdu le portefeuille contenant son papier et ses crayons.

— C'est bizarre, — dit-il avec embarras; — j'aurai laissé tomber mon carton là-bas dans ces rochers glissans, où je trébuchais à chaque pas.

— Je l'ai trouvé dans un buisson du pré des Anémones, — dit Philémon en lui présentant l'objet égaré.

Puis il salua sèchement et continua son chemin.

Le militaire resta un moment en place, tournant et retournant le carton entre ses mains.

— Le vieux renard se doute déjà de quelque chose, — murmura-t-il; — nous veillerons.

V.

LES PREMIERS NUAGES.

Deux ou trois jours s'écoulèrent encore pendant lesquels Philémon exécuta à la lettre ses menaces de rigoureuse surveillance. A peine Armand était-il levé, que le bonhomme, négligeant ses occupations habituelles, s'emparait de lui, le comblait de politesses, et, sous prétexte de lui faire honneur, ne le quittait pas d'un instant jusqu'au soir. Vainement Verneuil essayait-il d'échanger un signe furtif, un mot à la dérobée, avec Lysandre et surtout avec la charmante Galatée; l'impitoyable vieillard était toujours là, interceptant les sourires et les regards.

Néanmoins il ne s'offensait pas de l'espèce de familiarité cordiale qui régnait en sa présence entre les jeunes gens et l'officier; quand on se trouvait réunis aux heures des repas ou des récréations, la conversation pouvait prendre des allures vives, enjouées, presque galantes; Philémon ne s'y opposait nullement, et semblait au contraire s'efforcer d'égayer ces réunions, peut-être pour distraire ses enfans et ses pupilles de certaine réflexions secrètes. Les momens de plaisir et de repos devenaient même de plus en plus fréquens, à mesure que l'époque prescrite pour le mariage approchait. Les joyeuses parties de chasse et de pêche se multipliaient; on dansait le soir au son du flageolet ou de la flûte. Aussi, malgré la gêne qu'Armand était obligé de s'imposer, trouvait-il toujours un grand charme à ce genre de vie, et il ne pouvait sans effroi en prévoir le terme prochain.

Un soir, la petite colonie, sous la conduite de son patriarche, était allée souper au pavillon de Diane, à l'extrémité du vallon. Le pavillon de Diane consistait en un kiosque de clématites et de jasmin, situé au sommet d'un monticule factice d'où l'on découvrait tout le val Perdu. On y arrivait par un sentier tournant, borné d'aubépine et de chèvrefeuille. A l'extrémité de ce sentier s'élevait une statue de Diane, d'un travail peu remarquable, mais d'un effet pittoresque; elle donnait son nom à ce charmant belvédère. Les jeunes gens, après avoir gaiement soupé sous la verdure avec les fruits et le laitage apportés par les domestiques muets, après avoir admiré le lever de la lune derrière les grands rochers noirs qui bornaient l'horizon, les traînées lumineuses et scintillantes que projetait l'astre des nuits sur la cascade, le tremblotement des étoiles dans le lac légèrement agité, entendirent, non sans regrets, Philémon donner le signal de la retraite, et l'on se mit en devoir de retourner au chalet.

C'était une de ces nuits italiennes, tièdes et parfumées, où l'air, d'une transparence merveilleuse, permettrait presque de compter ces myriades de pointes de diamans qui parsèment le velours bleu du ciel; aussi les montagnes, les sommets des arbres, étaient-ils éclairés d'une lumière douce et nacrée, comparable à celle du jour. Mais, dans les creux de la vallée, les bosquets touffus, régnait une obscurité profonde; et c'était cette circonstance peut-être qui avait décidé le prudent vieillard à rentrer de si bonne heure. Il s'avançait le premier entre Lysandre et Galatée, à qui il expliquait certains phénomènes de la marche des astres et qui ne l'écoutaient pas. Armand venait ensuite avec Estelle et Némorin; les deux fiancés, se tenant par la main, chantaient avec toute la gaieté expansive de l'amour heureux une romance de Florian, sans s'inquiéter de leur compagnon rêveur et silencieux. Le muet et la muette fermaient la marche, portant dans de grands paniers les débris du souper.

On s'était enfoncé dans le bois, et c'était à peine si l'œil pouvait reconnaître à sa couleur plus pâle le chemin qui conduisait à la maison. Çà et là seulement la lune lançait comme un trait d'argent à travers les branchages moins serrés des hautes futaies, ou inondait de lumière une statue blanche, immobile au milieu d'un boulingrin. La vie néanmoins ne s'était pas arrêtée sous ces voûtes sombres de feuillage. Par momens, on voyait briller dans l'herbe la petite flamme verdâtre, flambeau d'amour qu'allume le ver luisant par les belles soirées d'été. L'air parfumé de senteurs balsamiques était sillonné dans tous les sens par l'aile soyeuse des phalènes et des sphinx. Des grillons sifflotaient dans le gazon et se taisaient à l'approche des promeneurs pour reprendre bientôt leur chant monotone, tandis que, dans le lointain, les grenouilles du lac célébraient par de rauques concerts les charmes de cette délicieuse nuit.

Estelle, intimidée par l'obscurité, garda le silence et se pressa contre Némorin, qui ne s'en plaignit pas. De son côté, Verneuil songeait à profiter de ces ténèbres épaisses pour se rapprocher de Galatée. Une conversation animée 'était établie entre Lysandre et son père, et, à la faveur de cette discussion, il espérait que la jeune fille pourrait s'échapper une minute sans être observée. Ses supposi-tions se trouvèrent justes; à peine eut-il fait quelques pas en avant avec de grandes précautions, qu'une ombre svelte se dessina sur son passage; il étendit les bras, sa main effleura une épaule nue douce comme du satin.

— Galatée! — murmura-t-il.

— Armand! — soupira une voix bien connue. Leurs lèvres se rencontrèrent, puis ils se mirent à marcher côte à côte, les mains jointes, serrés l'un contre l'autre. Ils ne se voyaient pas, ils ne se disaient rien, et cependant leurs âmes se confondaient dans une ineffable félicité. Galatée eut le courage de rompre ce silence plein de charmes : — Armand, — dit-elle, — Lysandre parle confidentiellement à son père, et sans doute il plaide notre cause en même temps que la sienne; puisse-t-il réussir! Nous séparer, mon Armand, ce serait notre mort à tous deux, n'est-ce pas?

— Oui, oui, chère Galatée, la mort en effet... Cependant nous ne devons pas compter sur l'intercession de Lysandre. Cet inflexible Philémon ne consentira jamais à combler nos vœux; il faudra adopter enfin le parti extrême dont je vous ai parlé... Galatée, êtes-vous décidée à me confier sans réserve le soin de votre sort? êtes-vous prête à me suivre?

— Je vous suivrai, Armand, — répliqua la bergère; — hélas! mon sort maintenant n'est-il pas pour toujours uni au vôtre? Mais répondez-moi, êtes-vous sûr que Lysandre, le sage Lysandre, consente à favoriser nos projets? Vous ne lui avez pas dit, vous n'avez pas osé lui dire...

— Il sait que nous nous aimons, et il est généreux... Cependant, je l'avoue, mon ange, je redoute quelques difficultés de la part de Lysandre. Je lui ai parlé vaguement du cas où une autre personne, habitant le val Perdu, voudrait profiter du chemin qu'il a tracé en avant dans les montagnes pour s'enfuir avec nous; il m'a répondu avec son assurance tranquille que le sentier serait tout à fait impraticable pour une femme; que d'ailleurs il ne se résoudrait jamais à porter un coup mortel à Philémon, en le privant à la fois de son fils et d'une de ses pupilles.

— Il faut donc renoncer à la fuite?

— Non, non, Galatée; Lysandre exagère certainement les difficultés; il veut sans doute vous forcer à rester pour consoler son père quand lui-même ne sera plus ici.

— Si cependant il refuse...

— Nous parviendrons à le convaincre au dernier moment. Il nous verra si bien déterminés à partir, nous le presserons, nous le supplierons tant qu'il ne saura pas résister... D'ailleurs, avec votre consentement, je vous emmènerais d'ici malgré la terre entière.

— Et moi, Armand, je vous préférerais à tout... Cependant mon cœur se brise à la pensée de ce départ. Abandonner ce pauvre vieillard, cette naïve et bonne Estelle, ces lieux où j'ai passé de si heureux jours!... Espérons plutôt encore que Philémon se laissera fléchir.

— Espérons, Galatée... pourvu que je sois près de toi, que m'importe le reste?

En ce moment, le murmure régulier de la conversation qui avait lieu à quelque pas en avant changea de nature. Une voix chaleureuse et irritée fit tressaillir les couples amoureux dans le bocage.

— Non, jamais! jamais! — disait Philémon hors de lui; — nul de remplacera mon fils aîné, mon héritier, le chef futur de ce petit monde que je suis parvenu à créer avec tant d'efforts. Ne me parle plus de ce projet, Lysandre; ne m'en parle jamais, si tu ne veux faire périr avant le temps ton malheureux père!... D'ailleurs on t'a trompé; celui qui se propose pour prendre ta place dans ma famille et dans mon cœur ne saurait tenir longtemps un pareil engagement ; sa passion insensée l'aveugle ; il t'a abusé, te dis-je, ou il s'est abusé lui-même.

Lysandre prononça quelques mots qu'on n'entendit pas

— Non, non, assez, mon fils, — interrompit le vieillard avec autorité ; — je t'ai écouté trop longtemps. Tu ne peux pas songer à me quitter tandis qu'un autre... Silence, encore une fois !... Néanmoins je te dois de remercîments ; je sommeillais, ignorant la grandeur du danger, tu m'as éveillé... j'agirai, et bientôt.

Lysandre n'osa rien ajouter, et les deux interlocuteurs continuèrent leur chemin en silence.

— Vous avez entendu, Galatée ? — murmura Verneuil avec un mélange d'insouciance et de regrets ; — il me repousse... nous devons prendre un autre parti.

— Que faire donc, mon cher Armand ?

— Lysandre compte fuir cette nuit même... Qu'il y consente ou non, vous nous accompagnerez.

— Armand, de grâce, n'exigez pas...

— Si pénible que soit ce sacrifice, il faut vous y décider, Galatée, ou nous serions à jamais perdus l'un pour l'autre... Vous le voyez, Philémon se propose d'agir sans retard ; il faut le prévenir. Trouvez-vous donc à minuit sous le grand oranger, comme à l'ordinaire, et soyez prête.

— J'y serai, — répliqua la bergère d'une voix étouffée par les larmes.

Verneuil allait lui adresser quelques consolations quand Lysandre et Philémon atteignirent un endroit découvert où ils étaient éclairés en plein par les rayons de la lune. Le patriarche se retourna d'un air de défiance ; aussitôt Galatée se retrouva à ses côtés, comme si la discrétion seule l'eût forcée de rester un moment en arrière pendant cette conversation confidentielle du père et du fils.

On arriva au chalet. La soirée, si joyeusement commencée, se terminait dans les plus tristes préoccupations, Philémon était livré à une sombre méditation ; Galatée, Lysandre et Armand gardaient le silence. Il n'était pas jusqu'à Estelle et Némorin dont cette tristesse n'eût glacé la gaieté ; ils regardaient avec étonnement les visages consternés, sans comprendre la cause de ce changement imprévu.

Au moment où l'on traversait le vestibule obscur, Lysandre arrêta Verneuil par le bras.

— Vous savez que nous avons échoué, — lui dit-il à l'oreille.

— Je le sais.

— Ce sera donc pour cette nuit, comme nous en étions convenus... A minuit vous me trouverez à l'entrée de l'avenue de tilleuls.

— J'irai vous y joindre.

— Oui, mais seul, — répliqua Lysandre avec intention.

Verneuil feignit de n'avoir pas entendu cette recommandation, et ils entrèrent dans la salle. A la lueur d'une lampe, ils virent Philémon qui s'était jeté dans un fauteuil d'un air accablé. Il était très pâle, l'œil fixe, les bras pendans.

Les jeunes gens, pleins de respect pour sa douleur, n'osaient l'interroger. Après avoir attendu vainement qu'il leur adressât la parole, chacun d'eux prit le bougeoir que la petite muette leur présentait, et ils vinrent successivement embrasser le vieillard, suivant l'usage établi. Philémon reçut leurs caresses avec le calme et l'immobilité d'une statue.

Cependant ce soir-là les baisers de Lysandre et de Galatée furent plus tendres et plus affectueux que d'ordinaire. Le jeune homme était fort ému quand il murmura d'une voix étouffée :

— Adieu, mon père.

Galatée avait les yeux humides quand elle vint dire à son tour :

— Adieu, Philémon.

Puis chacun se retira, le cœur navré, laissant le patriarche du val Perdu dans le même état de torpeur e d'insensibilité,

Retiré dans sa chambre, Armand lui-même était très agité. Il ne se le dissimulait pas, avant son arrivée au val Perdu, des germes de dissolution existaient bien dans la petite colonie, mais c'était sa présence qui y avait apporté le trouble et la révolte. Il se reprochait d'avoir manqué à son serment ; il s'accusait d'ingratitude en songeant de quelle manière il avait reconnu le service qu'on lui avait rendu en le sauvant de la captivité et peut-être de la mort. Néanmoins, la pensée de Galatée, qu'il aimait, de Galatée qui, dans quelques heures, allait lui appartenir sans partage, étouffa bientôt toutes les autres. Cet amour excusait ses fautes, justifiait ses sophismes, apaisait ses remords.

Que ne devait-on pas faire, pas souffrir, pas sacrifier pour mériter l'amour de Galatée ! Peu à peu il en vint à considérer Philémon comme un tyran farouche, qui avait causé le malheur de son fils et de sa pupille ; et il finit par se persuader que c'était justice de les soustraire l'une et l'autre à cette insupportable claustration.

Cependant il n'était pas sans inquiétude au sujet de l'enlèvement de Galatée. Comme on l'a déjà vu, Lysandre s'était prononcé nettement sur cette question ; tout à l'heure encore il avait recommandé à Verneuil de venir seul au rendez-vous. Or, le fils aîné de Philémon se montrait inflexible dans ses résolutions quand il s'agissait de l'accomplissement d'un devoir de conscience. Il était donc à craindre que l'honnête Lysandre s'opposât au départ de la bergère, d'autant plus que l'objection tirée de l'impossibilité, pour une jeune fille délicate, de gravir d'âpres rochers, au milieu de la nuit, pouvait être réelle. Armand comptait voir ces difficultés disparaître au moment décisif, mais qu'arriverait-il si le sentier était vraiment impraticable pour Galatée, ou si le fils de Philémon avec cette opiniâtreté calme et patiente dont il avait déjà donné tant de preuves, s'obstinait à ne pas associer sa jeune compagne à leurs projets de fuite ?

Ces réflexions et d'autres pareilles occupèrent l'officier pendant plus d'une heure. Enfin, il se décida à faire ses préparatifs à tout événement. Il forma un petit paquet de ses effets, sans oublier l'écharpe bleue, présent de Galatée.

Il posa sur la table une pièce d'or pour le domestique muet, générosité inutile, car à quoi pouvait servir l'or dans ce désert ? Ces dispositions prises, il alla et vint un moment dans la chambre, comme pour faire croire qu'il se couchait ; puis, après avoir éteint sa lumière, il s'assit près de la fenêtre entrouverte et attendit en silence l'heure convenue.

Le calme le plus profond régnait au dehors, et dans la maison tout paraissait dormir d'un paisible sommeil. Seulement un rayon lumineux, s'échappant à travers les vitres de la salle basse, se jouait encore sur les premiers arbres du jardin.

Philémon n'était donc pas couché ? à quelle cause attribuer cette veille prolongée si contraire à ses habitudes ? se doutait-il de ce qui se tramait pour la nuit même ? Verneuil se rassura en se souvenant de l'état de prostration où se trouvait son hôte au moment de la retraite de la famille. Sans doute Philémon, parvenant enfin à dompter l'agitation causée par la résistance de Lysandre à ses volontés, allait bientôt regagner sa chambre et laisser les jeunes gens libres d'exécuter leur plan.

Cependant minuit approchait et la lumière ne s'éteignait pas à la fenêtre de la salle basse. Armand commençait à s'alarmer sérieusement pour ses amis, et pour lui de cet accident imprévu, quand une autre circonstance vint encore augmenter ses angoisses.

Il entendit tout à coup plusieurs personnes monter l'escalier avec précaution. La porte s'ouvrit, et Philémon entra dans la chambre, suivi de Guillaume et de Victorin qui portaient des flambeaux.

VI

LA FIN D'UN BEAU RÊVE.

Une pareille visite au milieu de la nuit, dans un moment aussi critique, pouvait bien donner à penser.

Philémon avait maintenant un air de fermeté et de résolution bien différent de la sombre douleur dont il était accablé au commencement de la soirée. Quand Guillaume et Victorin eurent posé leurs flambeaux sur la table, il leur fit signe de se tenir près de la porte de la chambre, et, se tournant vers Armand, qui attendait tout effaré l'explication de cette intrusion bizarre;

· Encore éveillé, mon hôte?— demanda-t-il d'un ton de gaieté forcée. — En vérité, je n'espérais pas vous trouver sur pied à cette heure.

— La chaleur est accablante,— balbutia l'officier, — et je prenais l'air à cette fenêtre... Permettez-moi de vous faire observer, cher Philémon,—continua-t-il en s'enhardissant,— que mon insomnie est moins extraordinaire que votre visite.

— Je l'avoue, Armand, — répliqua le patriarche avec bonhomie; — mais vous m'excuserez aisément lorsque vous connaîtrez certaines nouvelles que je vous apporte.

— Ces nouvelles n'auraient-elles donc pu attendre jusqu'à demain matin?

— Peut-être... Vous allez en juger.

Il prit un siége, et invita Verneuil à l'imiter. Le jeune homme, rassuré par la tranquillité de ce début, ne put retenir un geste d'impatience.

— Voyons donc ces nouvelles qui tombent ainsi des nues à l'heure où l'on devrait dormir, — répliqua-t-il en tambourinant une marche avec ses doigts sur la table.

— Je ne vous croyais pas si grand dormeur, — reprit Philémon d'un air sarcastique; — mais vous allez changer de ton tout à l'heure... Or donc, Guillaume a eu ce soir des renseignemens importans sur ce qui se passe à l'armée. J'ai voulu vous en faire part de suite, quoique ces derniers jours, Armand, vous ayez paru vous occuper fort peu de vos compatriotes et de leurs mouvemens militaires...

— Que se passe-t-il donc? — demanda l'officier avec plus d'attention.

— D'abord, un certain capitaine de grenadiers, appartenant à la 62e demi-brigade, a été mis à l'ordre du jour de l'armée des Alpes pour sa brillante défense des défilés de l'Albis, et il a été nommé chef de bataillon par le général en chef Masséna.

— Serait-ce de moi que vous parlez? — demanda Armand, dont les yeux brillèrent d'orgueil et de joie; — je n'ose espérer... je ne puis croire...

— Lisez, — répliqua Philémon en lui présentant un bulletin imprimé; — Guillaume s'était défié de votre modestie, et il vous a apporté des preuves.

Armand parcourut rapidement la proclamation, puis il la rendit au vieillard en lui disant avec émotion:

— Vous avez raison, mon père; ce sont là, en effet, de bonnes et grandes nouvelles. Je vous remercie de...

— Attendez, — interrompit Philémon; — ne vous hâtez pas de vous réjouir et de vous féliciter; il y a un revers à la médaille; ce qui me reste à dire sera probablement beaucoup moins de votre goût... Pour couper court, jeune homme, il paraît que votre disparition, après le combat de l'Albis, a été interprétée d'une manière fâcheuse. Malgré les distinctions dont vous avez été l'objet dans le premier moment, les bruits les plus honteux circulent déjà sur votre compte...

— Quels sont ces bruits? — demanda impétueusement le militaire.

— Vous allez le savoir; mais, avant tout, il faut que je vous rende compte de quelle manière ils sont venus à notre connaissance. Ces jours derniers, les Autrichiens ont été débusqués de Rosenthal, et un détachement de votre demi-brigade s'est cantonné dans ce village. Les officiers qui le commandent ont pris les informations les plus minutieuses sur votre personne; l'un d'eux même a poussé jusqu'à la maison de Guillaume, qu'on lui avait indiquée comme le lieu de votre dernière retraite, et il a accablé mon pauvre serviteur de questions pour savoir le lieu de votre résidence actuelle.

— C'est Charles Ravaud, — interrompit Verneuil; — c'est certainement mon excellent camarade, le lieutenant Ravaud, à qui j'ai donné de mes nouvelles le premier jour de mon arrivée au val Perdu.

Guillaume, de l'autre extrémité de la chambre, fit un signe d'assentiment.

— Le lieutenant Ravaud, donc, —continua Philémon, — ne s'est pas contenté de la fable que Guillaume lui a contée comme aux autres, à savoir qu'après vous avoir donné asile pendant une nuit, dans un lieu secret connu de lui seul, vous aviez dû rejoindre les avant-postes le lendemain matin. Votre ami a soutenu, avec force jurons et blasphèmes, que la chose était impossible, que Guillaume avait un intérêt quelconque à vous cacher, et il a fini par le menacer de lui casser le tête d'un coup de pistolet s'il ne lui révélait pas sur-le-champ ce que vous étiez devenu. .

— Je reconnais Ravaud à cet acte de violence, — dit Verneuil avec un demi-sourire; — et alors, sans doute, Guillaume a cédé.

— Toute l'armée de Masséna réunie ne saurait arracher à Guillaume les secrets de son maître, de son ami, — répondit Philémon avec fierté. — Croyez-vous donc, vous autres militaires, avoir seuls le privilége du courage et du mépris de la vie? Guillaume, le pistolet sur la gorge, a répété tranquillement mes explications.

— Ravaud, malgré sa vivacité, eût été incapable d'assassiner ainsi un homme sans défense... Mais, après une pareille épreuve, il n'a pu conserver de doutes sur la sincérité de Guillaume?

— Malheureusement non; il a reçu des indications d'une jeune fille du voisinage, que votre disparition occupe au dernier point. Cette jeune fille vous croit victime de quelque machination, et on suppose qu'elle aura communiqué ses craintes ridicules à votre compagnon d'armes; vous savez sans doute de qui je veux parler? — Armand se souvient alors de Claudine, la fille du pasteur de Rosenthal. — Quoi qu'il en soit, — continua le vieillard. — le lieutenant Ravaud ne s'est pas tenu pour battu. Passant de la menace à la prière, il a supplié mon fidèle serviteur de vous faire remettre une lettre ouverte, en affirmant qu'il y allait de votre honneur, de votre avenir. Guillaume était honteux de tous ces mensonges; d'ailleurs il voyait dans l'officier tant d'intérêt véritable et d'affection pour vous qu'il en a été touché: sans rien promettre, sans donner aucune explication, il a pris la lettre que voici: elle vous apprendra mieux que personne ce que vous désirez savoir.

— Voyons-la, donnez vite, — dit Armand avec impatience.

La lettre était ainsi conçue:

« Si le commandant Verneuil lit ces lignes, je le sup-
» plie instamment, au nom de l'honneur et quelles que
» soient les causes qui le déterminent à se cacher, de se
» rendre sans retard au quartier général. Il est en butte
» à d'indignes soupçons. On ose prétendre que, ayant été
» pris, à la suite de l'affaire de l'Albis, par un détache-
» ment de l'armée de Condé qui assistait à ce combat, il
» a fait cause commune avec les émigrés français et s'est
» décidé à changer de drapeau. Il est bien malheureux

» qun sa qualité de ci-devant noble, les ménagemens
» qu'il a toujours eus pour les émigrés chaque fois que
» le sort en a fait tomber sous ses mains, et enfin le se-
» cret si bien gardé de sa retraite actuelle, aient donné
» une apparence de fondement à cette accusation. La pré-
» sence seule du brave Verneuil suffira pour la détruire ;
» mais il n'y a pas un instant à perdre. En attendant, il
» peut compter, pour protester contre ces odieux men-
» songes, sur le dévouement à toute épreuve de son ami.

» RAVAUD, lieutenant à la 62ᵉ. »

— C'est un mensonge ! — s'écria Armand en froissant
la lettre qu'il venait de lire ; — j'ai eu pour ces émigrés
l'indulgence qui était due à leur déplorable position entre
leur patrie et la conscience d'un devoir sacré ; mais l'humanité n'est pas de la trahison... Je ne me laisserai pas dés-
honorer aux yeux de mes camarades, aux yeux de toute
l'armée ; je veux sans retard imposer silence à mes ennemis... Je vais partir, je vais me rendre à Zurich, et malheur à celui qui oserait répéter en ma présence...!

— Bien, bien, — dit Philémon avec une vive satisfaction ; — j'étais sûr qu'après la lecture de cette lettre vous
ne voudriez pas retarder d'une heure, d'une minute, à
vous laver de ces dangereuses accusations ; aussi ai-je
pris mes mesures en conséquence... Guillaume et Victorin vont vous accompagner avec moi hors de la vallée,
et cette nuit même vous pourrez être à Rosenthal, au milieu de vos camarades.

Cet empressement extraordinaire éveilla la défiance de
Verneuil et le fit aussitôt rentrer en lui-même. Il examina
avec plus d'attention le papier qu'il tenait encore à la
main.

— C'est, en effet, l'écriture et la signature de Ravaud,
— pensait-il ; — il ne peut y avoir là de supercherie,
d'autant plus que la jalousie de certains jacobins de la
62ᵉ explique aisément les bruits répandus sur mon
compte... Cependant Philémon paraît désirer bien ardemment mon départ immédiat ; se douterait-il de la vérité ?
— Puis s'adressant au vieillard d'un ton calme : — Je vous
remercie de votre intérêt pour moi, — dit-il : — mais je
serais désolé de troubler votre paisible maison en partant
ainsi brusquement au milieu de la nuit. Quelques heures
de plus n'aggraveront pas la situation. Renvoyez vos serviteurs à leurs lits ; je ne partirai que demain.

— Ce sang-froid m'étonne, — reprit Philémon sèchement, — et je vous aurais cru plus chatouilleux sur votre
honneur de soldat... Auriez-vous donc un motif secret de
prolonger votre séjour ici ?

— Eh ! quel motif aurais-je, — répondit l'officier en affectant un air d'insouciance, — sinon peut-être le désir
de prendre congé amicalement d'une aimable famille qui
m'a comblé de soins et de prévenances ?

— Celui de renouveler vos intrigues, d'adresser encore
une fois à de malheureux jeunes gens sans expérience
les venimeuses paroles qui les égarent ! — répliqua Philémon en éclatant. — Armand de Verneuil, je ne suis plus
votre dupe ; vous m'avez trompé indignement ; vous
avez manqué à vos promesses en suggérant à mon fils
aîné des idées d'orgueil et de révolte.

— Philémon, je vous jure que Lysandre n'avait pas
besoin...

— N'essayez pas de vous justifier. Qui donc, si ce n'est
vous, aurait appris à mon fils une sotte genre de vie est
efféminé, égoïste, indigne d'un homme de cœur ? Comment aurait-il su qu'il est un âge où l'on peut heurter la
volonté d'un père, traiter de chimériques ses projets et ses
espérances ? Mais ce n'est rien encore ; votre tort le plus
grand, Armand de Verneuil, a été d'inspirer, par caprice
et par désœuvrement, à une enfant innocente un amour
que vous ne partagiez pas...

— Qui a dit cela ? — s'écria l'officier, — qui ose avancer que je n'aime pas Galatée de toute la force de mon
âm ?

Ce mouvement chaleureux produisit quelque impression
sur Philémon.

— S'il en est ainsi, — reprit-il, — comment donc tout à
l'heure étiez-vous si empressé de nous quitter pour aller
défendre votre réputation attaquée ? — Verneuil baissa la
tête. — Non, — continua le patriarche du val Perdu, —
et je vais vous en donner la preuve. Supposez que je n'aie
pas repoussé définitivement une proposition présentée aujourd'hui par Lysandre, sans doute un votre nom ; supposez que maintenant je vous dise ceci : « Armand, je vous
reçois au nombre de mes enfans. Renoncez au monde,
bravez ses jugemens, laissez croire que vous êtes mort ou
transfuge ; établissez-vous pour toujours dans cette paisible vallée ; changez ce costume guerrier pour une veste
légère, ce grand sabre pour une houlette de berger ; résignez-vous à vivre parmi nous sans regrets du passé, sans
crainte de l'avenir, et la main de ma pupille est à ce prix. »
Si je vous disais cela, jeune homme, que répondriez-
vous?... Ne me trompez pas, n'usez ni de subterfuges ni
de mensonges ; que répondriez-vous ? — La veille encore,
Armand, fasciné par son amour, eût accepté avec enthousiasme une pareille proposition. Mais le souvenir du
monde extérieur, de sa gloire, de ses amis venait d'être
subitement ravivé. D'un autre côté, le vieillard avait employé, à dessein peut être, ces expressions de transfuge,
de berger, qui réveillaient en lui des idées ridicules ou
odieuses. Trop longtemps pour faire une réponse contraire à sa
pensée, il se tut. — Vous voyez bien ! — dit Philémon
avec amertume.

Et il se mit à se promener lentement dans la chambre.

— Monsieur, — reprit l'officier après une pause, — il
me serait facile d'expliquer ma conduite, mais je devrais
pour cela récriminer contre vous-même, vous démontrer
le vice et l'injustice de la condition que vous avez faite à
vos fils et à vos pupilles ; je préfère m'abstenir de toute
discussion sur ce sujet délicat. Le temps vous prouvera
que mes torts, si j'en ai, sont moins graves que vous ne
le pensez... Quoi qu'il en soit, demain vous serez délivré
de ma présence.

— Pourquoi pas de suite ? — demanda le vieillard ; —
pourquoi tant d'insistance à rester ici cette nuit, quand un
devoir impérieux vous appelle à Rosenthal, quand le maître de cette maison vous traite avec une dureté voisine de
l'affront ? Cette résignation a lieu d'étonner de la part du
capitaine Verneuil. — Il jeta un regard investigateur autour de lui. — Ce costume complet à pareille heure, ce
paquet, cette pièce d'or sur la table... Oh ! il se tramait
ici quelque chose pour cette nuit même... Capitaine Verneuil, — continua-t-il d'un ton ferme, — puisque aussi
bien vos préparatifs de départ sont achevés, mes serviteurs
et moi sommes à vos ordres pour vous conduire où
vous désirez aller.

Comme on le voit, Philémon, sans se rendre compte
nettement de ce qu'il avait à craindre, voulait couper
court à des machinations dont la trace était visible. Armand sentit dans quel mortel embarras son départ précipité allait jeter Galatée et Lysandre.

— Voilà, — dit-il d'un air de fierté blessée, — une singulière façon de pratiquer l'hospitalité... J'avais toujours
cru que monsieur Philémon, avant de s'établir au val
Perdu, avait été un homme du monde ; mais je m'étais
trompé sans doute, ou la rusticité de ses habitudes actuelles
aura déteint sur son caractère... Eh bien! s'il ne me plaisait pas de moi de céder à un insultant caprice ? Croit-on
qu'un officier de la république française, un capitaine de
la 62ᵉ, se laissera ainsi mettre à la porte, au milieu de la
nuit, comme un laquais fripon ? Non, de par tous les diables! je ne bougerai pas d'ici.

Il s'assit superbement et croisa les bras sur sa poitrine.

— Fort bien, — dit Philémon avec un sourire ironique.
Il fit signe à Guillaume et à Victorin ; sans hésiter, ils
se jetèrent sur Armand avant qu'il eût pu prévoir leur
intention. Le vieillard lui-même vint en aide à ses gens,

et nous savons qu'il était encore vigoureux. En un instant Verneuil fut saisi et garrotté.

— Lâches coquins ! — s'écria-t-il en se débattant, — je vous romprai les os... je vous apprendrai...

Il n'en put dire davantage, Philémon, craignant que ses cris ne répandissent l'alarme dans la maison, lui avait posé un mouchoir sur la bouche; puis il donna à voix basse un ordre aux deux frères.

Aussitôt Armand fut enlevé dans leurs bras et transporté hors de la maison.

Sans s'arrêter, on traversa la cour et on se dirigea vers l'avenue de tilleuls conduisant au passage souterrain.

Verneuil, convaincu de l'inutilité de la résistance, s'abandonnait à son sort. Néanmoins, au moment où ses porteurs traversaient la cour, il souleva péniblement la tête et jeta autour de lui un regard d'angoisse. A l'extrémité du parterre, sous un oranger qui dominait les autres, il entrevit, à la clarté de la lune, une personne appuyée d'une manière mélancolique au tronc de l'arbre; c'était Galatée. Sans doute, inquiète et tremblante, elle attendait, ignorant ou ne comprenant pas ce qui se passait... A cette vue Armand s'agita de nouveau convulsivement; il voulait courir à Galatée, lui donner un avertissement, lui dire un mot d'adieu; mais des liens solides retenaient ses membres, un bâillon étouffait sa voix, Epuisé, haletant, il demeura enfin immobile et une larme s'échappa de ses yeux.

Bientôt on le remit sur pied et on l'obligea de marcher. Mais la surveillance de ses gardiens ne se relâchait pas. Ils l'entouraient, prêts à réprimer toute tentative d'évasion. On arriva ainsi à la galerie creusée dans le rocher. Philémon précéda la troupe afin d'ouvrir les portes secrètes. Au bout de quelques minutes on se trouva sur la plate-forme extérieure qui dominait le chalet de Guillaume. Là, Philémon ordonna de délier le prisonnier :

— Maintenant, — dit-il avec ironie, — notre hôte est libre de faire toutes les extravagances qu'il jugera convenables... Seulement il est averti qu'il y a au-dessous de lui un abîme de quarante pieds de profondeur où un faux pas peut le précipiter. — Armand, tout à fait dompté, restait impassible et taciturne, pendant que l'on faisait jouer le mécanisme au moyen duquel l'échelle qui servait de communication avec la plaine sortait de sa rainure et venait s'appliquer contre le rocher. Alors Philémon se tourna vers le jeune officier, et lui dit d'un ton sombre : — Nous devons nous séparer ici, Armand de Verneuil; mon fidèle Guillaume, qui a mes instructions, est chargé de vous conduire en sûreté auprès de vos amis... N'accusez que vous-même de l'acte de violence auquel vous m'avez réduit : peut-être, pour le bonheur de la petite colonie dont je suis le chef, ai-je trop tardé à prendre cette mesure décisive... Adieu donc... Au milieu des agitations de la guerre et de l'ambition, vous oublierez bien vite sans doute le val Perdu et ses habitans. Souhaitez qu'on vous y oublie de même.

Sans attendre de réponse, il rentra précipitamment dans le passage avec Victorin, et une porte solide, masquée par des arbustes, se referma sur eux.

Guillaume, resté seul avec le militaire, l'invita doucement à le suivre. Verneuil, immobile et rêveur, ne paraissait pas l'entendre.

— Philémon a raison, — murmurait-il avec tristesse, — il s'est décidé trop tard à cette mesure énergique... J'ai été bien coupable! Pauvre Lysandre, chère Galatée, qu'allez-vous devenir?

Enfin il céda aux sollicitations de Guillaume et descendit l'échelle, qui disparut derrière eux dès qu'ils eurent posé le pied sur la terre ferme.

On se mit en marche aussitôt pour se rendre à Rosenthal. Chemin faisant, Verneuil voulut s'assurer si le guide serait disposé à le servir dans quelqu'un des projets qu'il méditait déjà. Mais, aux premiers mots qu'il prononça, Guillaume l'interrompit :

— Monsieur le capitaine; — dit-il avec fermeté, — j'ai reçu ordre de ne répondre à aucune de vos questions et ne me charger d'aucun de vos messages. Depuis quarante ans le maître du val Perdu est mon bienfaiteur et celui de ma famille; vous avez pu déjà vous assurer jusqu'où va mon dévouement à sa personne... N'essayez donc pas d'ébranler ma fidélité dans une circonstance qui touche à ses plus chers intérêts. Je me suis déjà cruellement repenti d'avoir trop écouté ma pitié en vous introduisant au val Perdu sans son aveu; cette faute, que je déplore, je ne l'aggraverai pas en trahissant de nouveau sa confiance. Ainsi donc épargnez-vous des instances inutiles.

Armand vit bien que ni prières ni menaces n'obtiendraient rien du confident de Philémon, et il garda le silence pendant le reste du voyage.

Arrivés en vue de Rosenthal, Guillaume prit congé de lui avec politesse, lui remit le sabre et les effets dont il avait eu soin de se charger, et revint rapidement sur ses pas.

VII

L'AVANT-POSTE.

A cette heure matinale, une demi-obscurité régnait encore dans l'unique rue de Rosenthal, et la plupart des habitans étaient endormis. Mais on apercevait au loin le cordon de vedettes qui gardait les abords du village; et une sentinelle, qui se promenait en long et en large devant un bâtiment de bonne apparence, indiquait le poste principal occupé par les Français.

Armand s'avança sans hésiter dans cette direction. Telle était sa préoccupation, qu'il passa insoucieux devant cette maison du pasteur où il avait reçu un accueil si empressé; il n'eut même pas une pensée pour cette jolie Claudine qui, depuis sa disparition, prenait un vif intérêt à son sort, et quand on cria qui vive? il ne répondit pas.

Un vieux soldat était alors en faction; la tête alourdie par la fatigue et l'insomnie, il observait avec attention le personnage qui le bravait avec tant d'imprudence. Mais le grand chapeau et le manteau d'Armand empêchaient de le reconnaître. La sentinelle répéta d'une voix forte :

— Halte là!... Qui vive?

Par instinct de profession, Verneuil parut vouloir s'arrêter; ses lèvres remuèrent pour répondre. Peut-être, en effet, crut-il s'être arrêté et avoir répondu; mais le souvenir de Galatée remplissait sa pensée. Il se demandait s'il n'y avait aucun moyen de pénétrer secrètement dans le val Perdu, d'enlever la bergère et de la soustraire au pouvoir de son opiniâtre tuteur. Plus il réfléchissait à ce projet, plus il lui semblait praticable. Il se proposait de découvrir le chemin tracé par Lysandre, chose facile, vu les renseignemens qu'il tenait du fils de Philémon lui-même, et alors...

— Qui vive? — répéta pour la troisième fois le factionnaire.

Aussitôt l'explosion d'un fusil de munition ébranla le village endormi et retentit jusqu'aux montagnes voisines.

Bien en prit au rêveur que la sentinelle n'eût pas la main très assurée; il n'était pas alors qu'à dix pas du poste, et la balle, sifflant à ses oreilles, emporta une aile de son grand chapeau génevois.

Sans s'émouvoir, Verneuil s'avança, le sourire sur les lèvres, vers le factionnaire; celui-ci, après avoir fait feu, s'était mis en garde pour se défendre à la baïonnette, et appelait le poste aux armes.

— Eh bien ! eh bien ! mon vieux Lafiloche,— dit l'officier gaiement, «tu tires sur ton ancien capitaine? Si tu emploie ainsi tes cartouches, au diable celui qui garnira ta giberne !

Le soldat l'examina tout effaré, et de saisissement laissa tomber son arme à terre.

— Vous! capitaine Verneuil? — balbutia-t-il. — Que l'arc-en-ciel me serve de cravate si je n'ai pas la berlue!... Ce ne peut pas être le véritable capitaine Verneuil qui tombe ainsi sur nous, en temps de guerre, sans répondre au qui vive?

— C'est pourtant bien moi, — répliqua Armand un peu confus; — je ne savais vraiment où j'avais la tête... Mais qui commande ici? Où est le lieutenant Ravaud?

Lafiloche n'eut pas le temps de répondre. Tout était en rumeur dans le bâtiment occupé par les Français Les soldats accouraient avec leurs fusils et se rangeaient précipitamment en bataille devant la porte. La même agitation régnait dans le village, où le coup de feu et les cris de la sentinelle avaient donné l'alarme. On entendait les fenêtres s'ouvrir et se fermer à grand bruit; des hommes, des femmes et des enfans se montraient sur les balcons de bois, oubliant le désordre de leurs toilettes, et s'informaient de l'événement qui avait troublé leur sommeil.

Mais à peine les soldats eurent-ils reconnu Armand, que, sans s'inquiéter de l'alerte donnée par Lafiloche, ils manifestèrent la joie la plus franche; ils quittèrent leurs rang et entourèrent bruyamment l'officier.

— C'est tout à fait le capitaine Verneuil! — s'écriait un loustic. — Bonjour, capitaine Verneuil... C'est donc pas vrai que vous vous étiez engagé dans les Kaiserlicks? Je disais bien, moi, qu'eût-il les membres décollés, notre brave capitaine ne tarderait pas à rejoindre...

— Ses membres?

— Non, son corps.

Des éclats de rire, tempérés par le respect, accueillirent ces plaisanteries, qu'autorisait alors l'égalité républicaine en dépit de la discipline militaire. Armand, de son côté, semblait revoir avec un extrême plaisir ses anciens camarades, et il les interpellait familièrement par leurs noms.

Au milieu de ce brouhaha, qui étonnait fort les paisibles habitans du village, une grosse voix s'éleva dans l'intérieur de la maison et demanda avec impatience d'où venait cet infernal vacarme.

— C'est le capitaine qui vient d'arriver, et cet imbécile de Lafiloche l'a canardé comme un lapin, — répondit-on.

— Le capitaine qui? le capitaine quoi? — demandait la grosse voix; — qui donc a été canardé par Lafiloche?

— Eh pardieu! le capitaine Verneuil.

On entendit un juron effroyable, capable de faire crouler la maison; puis la porte s'ouvrit impétueusement, et un grand gaillard maigre, aux longues jambes, aux cheveux crépus, avec une épaisse moustache en croc comme un sergent recruteur du quai de la Ferraille, vêtu seulement d'un pantalon et d'une botte à retroussis, s'élança vers Armand, bousculant tout sur son passage. Avant même que Verneuil l'eût vu venir, il sentit les épaisses moustaches lui brosser vigoureusement les joues, et la grosse voix lui corna aux oreilles:

— Sacré mille tonnerres! capitaine... six cent mille diables! commandant... Gredin de Lafiloche!... Ah! Verneuil, mon ami, mon cher ami! — Armand se dégagea, à demi étouffé par les embrassades de son ancien lieutenant; car on a appris que le nouveau venu était Ravaud, le commandant du détachement qui occupait le village. — Mais d'où venez-vous? où avez-vous passé ces quinze mortels derniers jours? —reprit Ravaud avec volubilité; — quelle duchesse émigrée vous avait enlevé? quel enchanteur vous avait mis en son four pour couver des œufs? où étiez-vous? que faisiez-vous? où vous cachiez-vous? —Et comme Armand lui pressait cordialement la main sans écouter ce flux de questions:

— Sacrebleu! que je suis bête!— s'interrompit le lieutenant; — comme si vous pouviez parler devant ce tas de flandrins... Venez avec moi, là-haut, dans ma chambre: nous causerons entre un fromage et un jambon... Et vous, braillards, demi-tour à gauche; à vos postes, marche!... Mais, un moment, qu'est-ce que cette sotte histoire d'un

coup de fusil tiré par Lafiloche? où est le sergent Labrune pour me faire son rapport?

Le sergent Labrune raconta en peu de mots la méprise qui avait causé l'alarme,

— Huit jours de garde du camp à Lafiloche! — dit le lieutenant indigné, — et il mériterait de passer à un conseil de guerre pour avoir tiré sur son officier.

— Mais si l'officier a bravé la consigne, — dit Armand en souriant, — Lafiloche n'est plus coupable... Lieutenant Ravaud, je vous prie de ne pas punir ce pauvre diable de mes torts.

Et il expliqua comment sa distraction avait déterminé la méprise du vieux soldat. Mais Ravaud manifesta énergiquement ses doutes.

— Ce ne peut pas être ça, — dit-il en secouant la tête; — vous, capitaine, vous si ponctuel, si ferré sur la discipline, ne pas répondre au qui vive d'un factionnaire? Vous avez répondu.

— Mais je vous assure...

— Vous avez répondu, vous dis-je, ou vous seriez un véritable conscrit. — Et il cria, pour conclusion, d'une voix de tonnerre : —Quinze jours à Lafiloche, pour avoir osé insinuer que le capitaine Verneuil était un conscrit.— Et il entraîna Armand dans la maison, pendant que Lafiloche reprenait piteusement sa faction au milieu des rires goguenards de ses camarades. Armand et Ravaud traversèrent le corps de garde, où les hommes de service se livraient aux délices de la paille, des cartes et de la pipe; puis ils entrèrent dans une pièce où se trouvait un grabat foulé comme un champ de bataille. Sur une table boiteuse brûlait une mauvaise chandelle, dont la flamme tremblotante luttait avec le jour naissant. Un sabre, un shako, mille petits objets d'équipement traînaient par terre ou sur les meubles. Le lieutenant eut quelque peine à trouver un siége pour son ami. Après avoir ordonné à un planton d'apporter des provisions, il resta seul avec Armand, et vint s'asseoir en face de lui. — Eh bien! — demanda-t-il d'un ton mystérieux, —vous avez donc reçu ma lettre?

— Oui, — répliqua Verneuil laconiquement.

— Ah! ah! je me doutais bien que ce gros sournois, qui s'est cantonné là-bas dans les rochers comme une marmotte, en savait plus long qu'il n'en avait l'air... Cependant je n'aurais jamais songé à me défier de lui, malgré sa mine hypocrite, si une personne qui s'occupe beaucoup de vous ne m'eût donné la consigne... Ah! Verneuil, vous avez là une fière amie!

Et le lieutenant poussa un si gros soupir qu'il en éteignit la chandelle. Armand ne parut pas s'apercevoir de cet accident et de l'émotion de Ravaud.

— Ainsi donc, — reprit-il distraitement, —les bruits se plus injurieux pour mon honneur commençaient à se répandre dans l'armée?

— Oui, Armand; vous savez qu'il ne manque pas de jaloux; votre conduite, à la dernière affaire, l'avancement qui en a été le prix, ont aiguisé contre vous les mauvaises langues. D'abord, certaines épaulettes de notre connaissance ont commencé à chuchoter, et puis nos hommes se sont mis de la partie; les coquins, quoique bons diables au fond, ne sont pas fâchés de trouver à mordre sur un de leurs chefs, et ce maudit titre de ci-devant noble leur donne beau jeu... Aussi, pour tout dire, il ne serait pas impossible que ce vieux jacobin de Lafiloche vous eût reconnu, et qu'il eût tiré sciemment sur vous; voilà pourquoi je l'ai tancé d'importance... Mais voyez donc bien qu'il était temps de rejoindre. Enfin, vous voici, et tout va marcher comme sur des roulettes. Il s'agit de vous présenter le plus tôt possible au quartier général pour vous faire reconnaître dans votre nouveau grade, et, à la première affaire, j'en réponds, vos calomniateurs auront un pied de nez. — Armand fit un geste d'assentiment silencieux; puis il était tombé dans les réflexions dont l'événement qui avait marqué son arrivée à Rosenthal n'avait pu le distraire qu'un moment. Le lieutenant Ravaud l'observait avec surprise : — Il me semble, Verneuil, — reprit-il, —

que vous n'avez plus avec votre vieux camarade cette confiance et ce laisser-aller d'autrefois. Vous ne m'avez même pas dit encore où vous vous étiez tenu si bien caché ces derniers temps ?

— J'étais dans un coin inconnu de ces montagnes, occupé à guérir une blessure légère.

— Ouiche ! et pendant que les bavards clabaudaient à plaisir sur votre compte, pendant que l'on se battait à quelques lieues de vous, vous restiez confit dans la plume comme un poulet ? Non, non, je ne croirai jamais cela... Je connais mon capitaine Verneuil comme si je lui avais donné la becquée par-dessus l'épaule de sa mère ; l'odeur de la poudre ou le moindre propos sur son honneur l'eussent fait accourir de plusieurs lieues sur ses moignons, si le major lui eût scié les deux jambes !... Il y a autre chose, de par ta tignasse du diable ! il y a autre chose.

— Eh bien ! oui, Ravaud, il y a autre chose, — dit Armand d'un ton amical, — et j'aurai peut-être besoin de votre secours dans une affaire qui touche à mes sentimens les plus chers.

— Une affaire... d'amour ? — demanda Ravaud avec une grimace.

— D'amour, oui.

— Je m'en doutais... hein ? ce sera dur à passer. — Le lieutenant poussa un nouveau soupir et avala un verre d'eau-de-vie. — Enfin les amis sont des amis, — reprit-il piteusement. — De qui êtes-vous amoureux, capitaine ?... Ce que je vous demande là, c'est pour la frime, car je ne le sais que trop, voyez-vous... Pour qui donc en tenez-vous si fort, capitaine Verneuil ?

— J'aime la plus belle, la plus gracieuse, la plus adorable bergère de ces montagnes...

— Aïe ! aïe ! je suis touché, — grommela Ravaud. — C'est justement l'affaire, quoique je n'aie jamais entendu dire que la petite ait gardé les moutons... Ah çà ! et vous, Armand, vous êtes aimé à votre tour... aimé chaudement ?

— C'est tendrement que vous vous voulez dire. Oh ! oui, mon ami, bien tendrement.

— Allons, c'est fini, — dit le lieutenant d'un air tragique, —il faut se résigner... Ma foi ! capitaine Verneuil, je ne peux m'empêcher de convenir que vous êtes diablement heureux ; je connais votre infante, et j'avoue...

— Vous la connaissez ? — demanda Armand en tressaillant.

— N'est-ce pas la fille du pasteur protestant qui demeure au bout du village ? Je m'étais douté tout d'abord de la chose en l'entendant parler son joli petit charabias, où revenait sans cesse votre nom. Sacrédié ! quel bon goût vous avez, capitaine ! C'est ça une femme, et non pas vos poupées françaises ou italiennes, que l'on casse seulement à vouloir les toucher ! Quel beau brin de fille, avec ses bonnes grosses joues roses, son large corsage et ses tresses blondes qui descendent jusqu'à terre ! Aussi, tenez, que l'enfer me consume, je l'aurais disputée à n'importe qui, jusqu'à ce que l'on m'eût haché en trente-six mille morceaux ! ... Oui, pour cette jolie créature-là j'aurais consenti à planter des choux et à ne boire que du petit lait pendant le reste de mes jours ; j'aurais fait des bassesses, et ferraillé avec quarante de mes meilleurs amis, excepté vous... Ah ! mais... fichtre ! mille tonnerres ! triple mule du pape !

Le pauvre lieutenant, étranglé par ses jurons, se mit à tousser d'une manière formidable.

— Ah çà ! Ravaud, à qui en avez-vous donc ?—demanda Verneuil. — Je ne vous ai pas parlé de la fille du pasteur, je ne crois pas avoir prononcé le nom de Claudine.

— Comment ! ce ne serait pas elle qui... que...?

— Ce n'est pas elle que j'aime.

Ravaux renversa la table, avec les bouteilles et les verres dont elle était chargée, et, s'élançant au cou d'Armand, il le serra à l'étouffer :

— Ah ! mon ami, mon bon Verneuil, — s'écria-t-il hors de lui, — vous êtes mon bienfaiteur, mon sauveur ! je me

ferai tuer pour vous quand vous voudrez... Mais renoncez-vous pour tout de bon à la petite Suissesse ? me la cédez-vous sans arrière-pensée ? car enfin, si vous ne l'aimez pas, elle vous aime, elle ; et je vous connais, vous ne seriez pas homme à la laisser mourir de langueur.

— Ravaud, vous vous serez trompé ; cette jeune fille ne m'a vu qu'un instant ; vous avez pris pour de l'amour un intérêt vulgaire... Quant à moi, je n'aimerai jamais d'autre femme que ma chère Galatée.

— Galatée ! — répéta le lieutenant ; — voilà un mot de roman qui me rappelle un tas de sensibleries hétérogènes... Mais, où se cache cette étonnante personne qui a pu changer ainsi mon joyeux ami le capitaine Verneuil ?

— Non loin d'ici, dans un endroit délicieux, où la nature a prodigué toutes ses beautés et tous ses trésors, — dit Armand avec enthousiasme, en se laissant entraîner au charme de ses souvenirs. — C'est à la fois une campagne ravissante et un jardin enchanté ; les eaux y sont plus pures, le ciel plus beau, les fleurs plus suaves que dans le reste du monde ; le printemps y semble éternel. Là j'ai passé quelques jours dans un ineffable enivrement ; c'étaient des fêtes continuelles, avec de beaux jeunes gens et de charmantes bergères, de longues rêveries sur le gazon, au murmure des jets d'eau, des baisers furtifs surpris à ma Galatée sous l'ombre des charmilles, de tendres entretiens la nuit, au clair de la lune, sous les orangers en fleurs... J'aurais dû passer ma vie dans ce paradis terrestre ; mais, comme autrefois Adam, j'en ai été chassé brusquement et, moins heureux qu'Adam, je n'ai pu emmener mon Ève avec moi !

Pendant qu'Armand s'abandonnait à ces doléances quasi poétiques, le lieutenant Ravaud le regardait avec de grands yeux effarés.

— Capitaine Verneuil, — demanda-t-il timidement, — là-bas, à l'affaire de l'Albis, n'auriez-vous pas reçu par hasard quelque coup de sabre sur la tête ?

— Non pas que je sache, — répliqua Armand avec distraction.

— Vraiment ! Ma foi ! j'aurais cru... Diable !—Et le bon lieutenant se gratta l'oreille en regardant toujours Verneuil d'une façon singulière. Il reprit après un moment de silence : — Vous aviez parlé, capitaine, d'un service que je pourrais vous rendre ; de quoi s'agit-il ?

— Oui, oui, — dit Armand avec vivacité, — j'avais oublié qu'il n'y a pas un instant à perdre... Vous commandez seul ici, n'est-ce pas, Ravaud ?

— En effet, car le capitaine Durand a été mandé au quartier général pour mission secrète... Mais où voulez-vous en venir ?

— Voici : vous allez réunir tous les hommes qui ne sont pas absolument nécessaires à la garde du poste, et les mettre en sentinelle dans tous les chemins et les sentiers voisins du lieu appelé le val Perdu. Ils surveilleront soigneusement les passages, et, s'ils aperçoivent les personnes dont je leur fournirai le signalement, ils les conduiront avec beaucoup d'égards dans une des maisons les plus décentes du village pour y attendre notre retour.

— Et quelles sont ces personnes ?

— Une jeune fille et un jeune homme, peut-être ensemble, peut-être séparément... Le jeune homme a un habit brun, une culotte de soie noire, un large chapeau et des cheveux poudrés ; la jeune fille porte le costume des bergères peintes sur les trumeaux du temps de Louis XV, corsage et jupe de satin, petit chapeau de paille, bracelets et boucles d'oreilles en perles et au corail ; mais ce qui la fera reconnaître surtout, c'est sa beauté sans pareille dans l'Europe entière.

Ravaud, en ce moment, eût pu poser pour une statue de l'Étonnement.

— Eh bien ! — dit-il enfin, — pendant que les braves de la 62e exécuteront cette belle consigne, vous et moi où irons-nous ?

— Vous et moi, Ravaud, nous chercherons un sentier

inconnu qui conduit au val Perdu ; et, si nous avons le bonheur de le découvrir, nous pénétrerons dans les lieux délicieux qu'habite Galatée. Peut-être n'a-t-elle pu s'échapper la nuit dernière avec Lysandre ; nous la déciderons à nous suivre... A cette heure, Philémon et ses domestiques sont occupés au travail des champs ; Némorin ne pourrait tenter aucune résistance, et d'ailleurs la bonne Estelle saurait bien l'en empêcher... Oui, oui, c'est cela ; mon plan doit réussir, il réussira.

Le lieutenant gardait toujours le silence.

— Philémon, Estelle et Némorin ! — pensait-il tristement. — Allons, plus de doute, les romans lui auront troublé la cervelle... Pauvre garçon ! ce n'est pas un coup de sabre qu'il a sur la tête, mais un coup de marteau... Quelle perte pour l'armée ! Mon cher ami, mon brave camarade, — reprit-il haut avec un accent affectueux, — je vous suis dévoué jusqu'à la mort ; mais réfléchissez, de grâce ! Vous êtes militaire comme moi, vous êtes même mon supérieur, et, vous le savez, il nous est défendu de sacrifier la consigne à des intérêts privés. J'ai reçu l'avis du quartier général que le général en chef songeait à reprendre l'offensive ; d'une minute à l'autre le capitaine Durand peut revenir, des ordres de marcher peuvent arriver... Jugez si en pareille circonstance, il m'est permis de disséminer mes hommes dans les landes et les halliers du voisinage, d'abandonner moi-même le poste qui m'est confié, pour aller avec vous à la recherche de bergers et de bergères... que nous ne trouverons pas ?

Armand se leva.

— C'est juste, lieutenant Ravaud, — dit-il sèchement ; restez à votre poste... Mais moi je n'ai pas encore repris mon service, je puis agir à ma guise, et j'agirai seul, puisque je ne dois plus compter sur un ami.

— Ne me parlez pas ainsi, Verneuil, — s'écria l'officier hors de lui, pendant qu'une larme brillait dans ses yeux ; — ne me parlez pas ainsi, ou, le diable m'emporte si, fussiez-vous dix fois timbré, je ne laisais pas tout ce que vous voudriez, dussé-je de suite être souffleté avec mes épaulettes et fusillé comme un coquin, pour avoir manqué à mon devoir ! Je n'ai pas oublié comment, il y a trois mois, vous êtes venu me dégager avec une douzaine d'hommes, au milieu d'un régiment entier de pandours, et comment vous avez paré certain coup de lance qui allait m'envoyer dans le royaume des taupes... Non, Ravaud n'est pas un coquin d'ingrat, et il n'a jamais fait défaut à un camarade dans un cas pressant... aussi, tenez, — continua-t-il d'un ton résolu, au diable les scrupules ! En s'y prenant un peu adroitement, nous pourrons peut-être vous satisfaire ; et, pourvu que nous ne soyons pas longtemps absens, pourvu que nous ne nous éloignions pas trop d'ici...

— Deux heures suffiront, et nous ne nous éloignerons jamais assez pour ne pouvoir entendre un coup de fusil tiré à Rosenthal.

— A la garde de Dieu, donc ! et ne clampinons pas. — Le lieutenant éleva sa voix formidable, de manière à être entendu dans le corps de garde voisin : — Sergent, — cria-t-il, — envoyez battre le rappel dans le village, et que nos hommes prennent les armes... Vivement ! — Aussitôt il se fit un brouhaha et un cliquetis de fusils dans le poste ; puis les tambours commencèrent un vacarme à réveiller les trépassés qui dormaient leur dernier sommeil dans le modeste cimetière de Rosenthal. Au bout de cinq minutes, Ravaud fut complètement habillé et équipé ; il plaça deux pistolets dans le ceinturon de son sabre, avala un dernier verre d'eau-de-vie, et, se tournant vers son ami, il dit simplement : — Voilà. — Armand, toujours absorbé par ses rêves, ne songea même pas à le remercier ; il se contenta de lui serrer distraitement la main, et ils sortirent. Les soldats du poste étaient déjà rangés en bataille devant la maison, tandis que les hommes logés dans le village accouraient à l'appel du tambour. Ils étaient environ deux cents, tous braves et aguerris, dignes enfin de ces immortelles armées de la république

qui vainquirent tant de fois l'Europe ameutée contre la France. Verneuil ne put se dispenser d'échanger quelques mots avec ceux de ses anciens compagnons d'armes qu'il n'avait pas encore vus. Pendant ce temps, Ravaud avait pris à part le sergent Labrune, qui devait commander le détachement en son absence, et il lui donnait les instructions les plus minutieuses. Après lui avoir indiqué de la main les hauteurs où il convenait de placer des nouvelles vedettes, et avoir recommandé de retenir toute personne, homme ou femme, qui se présenterait pour traverser le village (manière assez adroite, disons-le en passant, de dissimuler ce que les exigences de Verneuil avaient d'extraordinaire), il ajouta d'un ton bref : — Le capitaine Verneuil et moi, nous allons pousser une reconnaissance vers ce pâté de rochers là-bas où l'ennemi aurait pu s'embusquer... Nous serons bientôt de retour. Si on vous attaquait en notre absence, tenez ferme, défendez-vous jusqu'à la mort. Les premiers coups de fusil que vous tirerez nous feront accourir aussi vite que des lévriers en chasse.

Le vétéran répondit respectueusement qu'il se conformerait aux ordres de son supérieur.

— Ah çà ! mais, mon lieutenant, — ajouta-t-il plus bas, — le capitaine Verneuil vous a donc apporté de nouvelles de l'ennemi ? Il y a donc quelque chose ?

— Il y a quelque chose, — répliqua Ravaud d'un air froid et discret. Labrune, sans en demander davantage, allait faire demi-tour, quand Ravaud aperçut à quelque distance La Flloche, tout penaud et l'oreille basse, appuyé sur son fusil. — Un moment, Labrune, — reprit le lieutenant ; — vous ne vous presserez pas trop d'envoyer Laflloche à la garde du camp pour la frasque de tout à l'heure, car il ne m'est pas encore bien prouvé que le capitaine Verneuil... Enfin peut-être ce vieux jacobin n'est-il pas aussi coupable qu'il en a l'air... Suspendez donc la punition jusqu'à nouvel ordre ; vous m'entendez ?

— Oui, mon lieutenant.

Et Labrune se mit en devoir d'exécuter la consigne avec ponctualité, pendant que Ravaud et Armand s'éloignaient d'un bon pas.

Au moment où ils allaient s'engager dans les rochers qui dominaient le village, Claudine se montra sur la galerie extérieure de la maison ; elle les regardait de loin d'un air de surprise et de joie.

Le brave lieutenant envoya un gros soupir vers les nuages.

— Ah ! Verneuil, — dit-il avec sa franchise soldatesque, — malgré tout, je comprends qu'on peut perdre la tête pour une femme... et que le diable m'espingole si, pour cette belle-fille qui est là-bas, je ne me sentirais pas prêt à faire tout seul les bêtises que je fais à vos sollicitations !

VIII

SUR LA MONTAGNE.

Le jour était déjà grand quand les deux officiers de la 62e quittèrent Rosenthal ; mais d'épais nuages cachaient le ciel, et c'était à peine si une légère teinte fauve marquait la place où le soleil venait de se lever. Cependant ces vapeurs se soutenaient dans les régions supérieures de l'atmosphère et ne voilaient aucune partie du paysage. A mesure que les voyageurs montaient, la perspective s'élargissait jusqu'aux proportions de l'immensité et du grandiose.

Ils gravissaient en ce moment les hauteurs qui servaient de contre-forts aux rochers du val Perdu, mais dans la direction opposée à celle du chalet de Guillaume. De ce côté, la montée était âpre et rude ; les pentes n'offraient plus aux regards ces tapis de gazon, ces bouquets de houx et de coudriers qui donnaient tant de charmes à l'autre revers. Le sol était aride, pierreux, déchiré par de profonds ravins ; de loin en loin seulement, des touffes de fougères ou de polypodes égayaient un peu cette triste stérilité. Les troupeaux manquaient, comme les pâturages ; aucune habitation n'animait cette solitude. Néanmoins quand, après un quart d'heure environ d'une marche rapide, les voyageurs s'arrêtèrent un moment pour respirer, ils purent jouir d'une perspective étendue et délicieuse. A l'horizon, dans un lointain bleuâtre, ils apercevaient les montagnes centrales de la Suisse, projetant à droite et à gauche des ramifications nombreuses ; au-dessous d'eux, la belle vallée de Zurich et son lac bleu encadré d'arbres verts, où se miraient une infinité de villages et de hameaux. Enfin à leurs pieds, et comme à portée de leur main, apparaissait Rosenthal avec ses élégans chalets et son clocher rustique, à demi perdu au milieu des peupliers. De cette élévation on pouvait nettement distinguer jusqu'aux soldats qui allaient et venaient devant leur corps de garde, et les habitans du village, qui paraissaient fort inquiets de ces mouvemens belliqueux. Mais aucun de ces bruits résultant de cette agglomération d'hommes ne s'étendait au delà d'une certaine limite : soldats et villageois semblaient s'agiter dans le silence.

Ce fut cette partie du tableau qui attira principalement l'attention du lieutenant Ravaud.

— Je crois vraiment, — dit-il en souriant, — que j'ai mis la puce à l'oreille de cet honnête sergent Labrune ; ses armes sont en faisceaux, ses hommes ont le sac au dos ; tout est prêt comme si l'on s'attendait à voir paraître l'ennemi... Pauvres gens ! s'ils savaient que, d'après les rapports, les Autrichiens sont à plusieurs lieues de nous, et que ce remue-ménage a lieu pour nous permettre de chercher dans ces abominables déserts une bergère d'une beauté divine, couverte de dentelles et de satin... Hum !

Pendant ce temps, Verneuil observait avec grand soin les pics décharnés qui se dressaient devant lui :

— Oui, oui, — murmurait-il, — ce doit être là le rocher Blanc ; je le reconnais à sa pointe rugueuse qui le domine ; c'est de ce côté que doit exister le sentier tracé par Lysandre. Mais comment le découvrir au milieu d'un pareil chaos ? — Il se remit à monter avec ardeur, et Ravaud le suivit. La route devenait de plus en plus difficile, et il semblait presque impossible d'avancer davantage, quand Verneuil s'arrêta en poussant une exclamation de joie. Son compagnon accourut et le trouva agenouillé devant une pente si rapide qu'elle effrayait l'imagination.

— Regardez, — dit Armand transporté.

— Que voulez-vous que je regarde ?

— Quoi ! vous ne voyez pas là des marches visiblement faites de main d'homme ?

— Ma foi ! je vois un léger sillon qu'on dirait creusé par le nez d'une taupe, si une taupe pouvait entamer ce salané rocher.

— Eh bien ! ce sillon est notre chemin.

— Peste ! et ce beau chemin-là doit-il nous conduire loin ?

— Jusqu'au haut de ces pics, — répondit naïvement Verneuil en élevant la main.

— Mais, diable d'homme, — répliqua le lieutenant avec impatience, — songez donc qu'il y a de quoi se rompre cent mille fois le cou avant d'arriver au sommet de cette infernale pyramide... Voyons, Verneuil, soyez raisonnable ; il n'y a derrière ces rocs maudits ni jardins enchantés, ni orangers en fleurs, ni jets d'eau, ni bergères en bracelets de corail, ni bergers en culotte de soie, ni rien qui ressemble à tout cela ; il y a seulement des pierres pour nous assommer et des précipices pour nous engloutir... Allons ! de par la barbe de tous les sapeurs de

la 62e, convenez enfin que vous avez eu le cauchemar la nuit dernière, que de folles idées de romans vous ont donné la fièvre ; que sais-je ? Prenez mon bras, et redescendons là-bas à Rosenthal, où nous avons laissé un jambon entier et plusieurs bouteilles à moitié pleines. Nous rendrons la tranquillité à ces pauvres troupiers qui se croient au moment d'une bataille, et nous ferons bombance en attendant les ordres supérieurs... Voyons, est-ce dit ?

— Vous êtes libre, mon cher, — répondit froidement Verneuil, — de croire ce qu'il vous plaira de mes confidences, et rien ne vous oblige à aller plus loin ; restez donc ici si vous avez peur.

Et il commença à gravir aussi rapidement que possible ces marches grossières.

— Peur, moi ? — dit Ravaud en passant la main sur sa grosse moustache noire ; — sacrebleu ! ce serait du nouveau !

En quelques enjambées il rejoignit Verneuil, qui semblait déjà avoir oublié le motif de cette petite querelle, et ils cheminèrent bon train, aussi souvent sur les genoux et sur les mains que sur les pieds. Cependant le sentier, pour être excessivement pénible, n'était pas impraticable ; il s'agissait seulement d'éviter le vertige que la déclivité du versant eût pu donner à des personnes nerveuses, en s'abstenant de regarder au-dessous de soi. Ici on trouvait des degrés creusés dans le roc, comme ceux dont les militaires avaient déjà reconnu l'existence ; plus loin, c'étaient des rampes dont les sinuosités rendaient la pente moins ardue ; en certains endroits il fallait se glisser dans l'écartement de deux roches à peine suffisant pour le passage d'un corps humain. Que de fatigues et de temps avait dû coûter un pareil ouvrage ! Mais le travail était soigneusement dissimulé, et l'on n'eût pu croire que ce fût l'œuvre d'un homme, même pourvu d'un degré peu ordinaire de patience et d'énergie.

Arrivés au tiers environ de leur ascension, les deux amis furent obligés de s'arrêter dans une espèce d'enfoncement tapissé de mousse et de fougères, pour respirer un instant. Ravaud, couché sur le ventre, soufflait comme un cachalot. Armand lui-même était haletant, et son front ruisselait de sueur. Ni l'un ni l'autre n'avaient plus la force de parler.

Pendant cette halte forcée, Verneuil vit briller quelque chose à deux pas de lui, dans la verdure. Il étendit la main, et ramassa une boucle de soulier en argent richement ciselée.

— Lysandre a passé par là ! — s'écria le capitaine avec une vive émotion ; — je reconnais cette boucle pour lui avoir appartenu... Regardez, Ravaud, douteriez-vous encore ?

— Cette boucle a pu être perdue par quelque chasseur.

— Alors cette perte ne doit pas remonter au delà d'une heure ou deux, car le métal humide a conservé son éclat. Mais je reconnais cette boucle, vous dis-je... Ainsi donc Lysandre a déjà gagné le village ; comment se fait-il que nous ne l'ayons pas rencontré ?

— Ma foi ! je l'ignore, — répondit l'officier en tournant les yeux vers la partie la plus éloignée du paysage, car l'élévation du rocher lui donnait le vertige. — Mais si celui que vous alliez chercher si haut et si loin est déjà parti, il ne nous reste plus qu'à revenir sur nos pas.

— Lysandre, en effet, s'est enfui du val Perdu, — répliqua Armand, — je n'ai aucun doute à ce sujet ; mais, à mesure que nous avançons, j'acquiers aussi une certitude : c'est que ma bien-aimée Galatée n'a pu s'enfuir avec lui par ce dangereux chemin. En le construisant, on n'avait pas prévu le cas où il devrait servir à une jeune fille faible et délicate... Galatée est donc encore prisonnière.

— Quand cela serait, pourriez-vous pour elle plus que monsieur Lysandre ? Espéreriez-vous lui faire franchir ces pics inaccessibles ?

— Hélas ! non, et il faudra trouver d'autres moyens de lui rendre la liberté... Mais je songe, ami, qu'en ce moment elle doit être plongée dans le plus profond désespoir. Ma disparition étrange, le départ subit de Lysandre, ont dû lui porter un coup funeste; sans doute elle m'accuse d'ingratitude, elle me maudit... Oh! si seulement je pouvais l'apercevoir du haut de ces rochers, me montrer, lui faire signe que je ne l'ai pas abandonnée, que je l'aime toujours, que je m'occupe de sa délivrance!... C'est l'heure où elle conduit son troupeau au pré des Anémones; de cet endroit on distingue aisément le rocher Blanc, sur lequel nous sommes. Laissez-moi seulement arriver jusque là-haut, et je vous promettrai de ne pas pousser plus loin mes tentatives avant d'en avoir conféré avec Lysandre, que nous retrouverons sans doute à Rosenthal.

Depuis un instant, le lieutenant Ravaud paraissait très occupé de ce qui se passait dans la plaine au-dessous d'eux. Tout à coup il saisit le bras d'Armand et le pressa avec force :

— Capitaine Verneuil, — dit-il d'une voix sourde, — à votre tour pourriez-vous m'expliquer ce que j'aperçois là-bas, dans ces arbres, au bord du lac de Zurich, à une lieue environ de nous?

Les yeux de Verneuil prirent machinalement la direction indiquée. Il aperçut alors une masse mobile qui s'allongeait comme une caravane du désert dans les passages étroits, ou s'éparpillait à droite et à gauche quand la route devenait plus large.

— Il n'y a pas à s'y tromper, — répondit-il avec tranquillité, — c'est un corps d'armée en marche.

— Et vous pouvez dire cela sans que tout votre sang bouillonne dans vos veines! — s'écria impétueusement Ravaud; — triple corne du diable! il me semble... voyons cependant... sans doute vous ignorez de quoi se compose ce corps d'armée, à quelle nation il appartient et quelle est sa destination probable?

— Mais, — répliqua Armand avec le même ton d'insouciance, — il vous est facile, comme à moi, de reconnaître d'ici les uniformes blancs des Autrichiens et les uniformes verts des Russes. La division se compose d'infanterie, de cavalerie, et peut-être d'artillerie, si j'en juge par ces espèces de chariots engagés dans les arbres. Quant à la direction qu'elle suit, évidemment elle se porte sur le village de Rosenthal.

— C'est bien cela, — s'écria le lieutenant; — on va nous attaquer, et ces précautions que j'avais jugé à propos de prendre sans motifs raisonnables étaient une inspiration du bon Dieu... Allons, capitaine Verneuil, — continua-t-il avec entraînement, — il n'est temps de nous occuper de sornettes et de folies amoureuses; au diable les bergers et les bergères! retournons à Rosenthal.... L'ennemi est nombreux, mais le 62e n'est pas composé de conscrits; d'ailleurs, postés dans les maisons, nos tirailleurs en jetteront plus d'un par terre avant qu'on en vienne à la baïonnette. Voyons donc, Armand, redevenez vous-même; vous êtes un brave soldat, et non pas un soupirant langoureux. A l'ennemi, morbleu! Notre présence va doubler l'ardeur de nos hommes; nous frotterons la division austro-russe; que je sois grillé comme un boudin de Noël si nous ne la frottons pas!

Ce langage soldatesque, cette ardeur électrique du brave lieutenant eussent vivement impressionné Verneuil en toute autre circonstance, et, malgré l'espèce de fascination à laquelle il obéissait, il hésita un moment.

— Un quart d'heure, Ravaud, — dit-il enfin d'un ton saccadé, — je ne vous demande qu'un quart d'heure... puis je serai tout à vous.

Et, sans attendre de réponse, il se remit à grimper; Ravaud proféra d'horribles blasphèmes.

— Verneuil, — criait-il, — vous vous déshonorez, vous méritez l'épithète de... Mais, par le ciel! le malheureux va se tuer. Pas si vite, pas si vite donc, puisqu'il faut absolument que vous arriviez au sommet de cet effroyable casse-cou!... Si je l'abandonne en ce moment, — continua-t-il à lui-même, — le pauvre diable se tuera. D'un autre côté, on ne se battra pas avant une heure d'ici, et

le sergent a pris pour la défense du détachement toutes les mesures nécessaires; tâchons donc d'atteindre cet enragé ce serait une honte pour moi de revenir sans lui.—

Il cria donc à Armand de l'attendre; mais Armand faisait la sourde oreille. Le lieutenant, qui avançait avec beaucoup plus de prudence, était encore très loin en arrière que Verneuil atteignait déjà le sommet du rocher. Bientôt cependant Ravaud s'arrêta de nouveau pour examiner les progrès de l'ennemi. Le corps d'armée venait de se diviser en deux parts. L'une, la plus considérable, composée d'infanterie et de cavalerie, continuait sa marche en droite ligne vers le village; l'autre, formée d'un demi-bataillon d'infanterie légère, filait rapidement derrière les bois qui avoisinaient la demeure de Guillaume, comme pour tourner le val Perdu. Le lieutenant la suivit de l'œil. — Oui, oui, — se dit-il à lui-même en hochant la tête, — je comprends parfaitement cette manœuvre; ils veulent nous prendre à revers tandis que le gros de la troupe nous attaquera de front; on nous mettrait ainsi entre deux feux et on nous couperait la retraite en cas de déroute... Pas mal, mes bons amis les mangeurs de choucroûte! malheureusement pour vous, la mèche est éventée; on vous a vu, mes farceurs, et la ruse ne vous réussira pas... ! J'aperçois là-bas un petit poste dans les rochers d'où, avec une trentaine de lurons, je me fais fort d'avaler votre demi-bataillon d'une bouchée... Laissez-moi seulement amadouer tant soit peu ce pauvre Verneuil, et si une bonne fois il se met de la partie, nous vous donnerons du fil à retordre, ou la peste me crève!... Mais que diable fait-il là haut, Verneuil, à lever les bras et à remuer la tête comme un pantin d'un sou? — continua-t-il en regardant la cime du pic. — Le voilà qui appelle et qui parle comme s'il y avait quelqu'un pour lui répondre... Voyons, finissons-en, car toutes ces folies pourraient amener de vilaines choses.

En ce moment, en effet, Verneuil éprouvait de poignantes angoisses au haut du rocher Blanc.

Parvenu au terme de sa périlleuse ascension, il avait revu enfin cette campagne charmante où il avait passé récemment de si heureux jours. Le val Perdu étalait au dessous de lui ses jardins fleuris, ses charmilles fraîches, son chalet en broderies de bois, ses belvédères aériens, ses fontaines, ses statues, son lac aux détours capricieux, tous ces détails gracieux qui, au milieu d'un désert sauvage, en faisaient comme une habitation de fées. Mais, soit que son esprit fût frappé de sombres pressentimens, soit que l'absence du soleil lui présentât les objets sous un aspect nouveau, ces lieux, autrefois si rians, lui paraissaient avoir maintenant un air de désolation. Rien ne s'agitait autour de la maison, dans les boulingrins, sous les bosquets; les moutons si blancs des jolies bergères, les vaches bariolées des bergers n'erraient plus dans les pâturages. Aucun des habitants de la vallée ne se montrait pour lui donner du mouvement et de la vie; ni Estelle et Galatée folâtrant dans les saules au bord de l'eau, ni Némorin jouant de la flûte appuyé contre un chêne, ni Lysandre rêveur, assis à l'écart sur une pierre moussue, ni même le vieux Philémon traversant à pas lents, avec sa barbe blanche et son grand bâton de patriarche, quelque pont rustique jeté sur le torrent. Ces figures poétiques avaient disparu comme un rêve, et le regard les cherchait vainement à leur place accoutumée. La colonie, si joyeuse la veille encore, semblait avoir été frappée de mort dans la nuit qui venait de s'écouler. La nature elle-même avait pris le deuil; aucun souffle d'air frais ne caressait la verdure et le feuillage; le lac, immobile dans ses rives de joncs et de roseaux, reflétait tristement le ciel de couleur plombée, et au-dessus, des oiseaux noirs, présage funeste, tournoyaient en poussant par intervalles des glapissemens sinistres.

Armand contempla avec un serrement de cœur ce tableau mélancolique. Il soupçonna qu'un malheur plus grand que celui qu'il connaissait avait pu frapper la famille de Philémon; et, oubliant la promesse faite à son compagnon, il se mit à la recherche de cette portion du sentier qui devait le conduire dans l'enceinte même du val Perdu. Malheureusement ce côté du versant n'était pas lisse et découvert comme l'autre ; d'ailleurs, Lysandre, en traçant le chemin, avait dû redoubler de précautions pour le rendre invisible d'en bas. Aussi le jeune officier n'en découvrit-il d'abord aucun vestige, et son impatience même l'empêchait de se reconnaître au milieu des broussailles dont cette partie de la montagne était hérissée.

Pendant qu'il s'agitait inutilement, il vit quelqu'un sortir précipitamment du chalet de Philémon et s'enfuir à travers la campagne. On eût dit d'une ombre glissant avec rapidité à la surface du sol et dépassant les uns après les autres les tilleuls de l'avenue. Bientôt elle prit à gauche, comme pour se rapprocher du lac ; Armand poussa un cri... il venait de reconnaître Galatée.

La malheureuse enfant était pourtant bien différente d'elle-même. Elle n'avait plus son élégant chapeau de paille toujours si coquettement posé de côté ; ses cheveux sans poudre retombaient épars sur son sein ; la longue écharpe de soie, jetée sur ses épaules, flottait en arrière dans la rapidité de sa course. Sa contenance trahissait le désespoir et l'égarement ; elle tournait fréquemment la tête vers la maison, comme si elle eût craint d'être poursuivie.

A cette vue, Armand ne put se contenir, et, montant sur la pointe la plus élevée du pic, il s'écria avec force : — Galatée ! ma chère Galatée ! — La jeune fille continuait sa course effrénée sans lever les yeux. — Galatée ! — répéta-t-il en donnant à son organe toute la puissance dont il était susceptible et en agitant son mouchoir ; — Galatée, je vous là... je ne vous ai pas abandonnée ; je vous aime toujours ! — Malgré le calme de l'air, la jeune fille ne paraissait pas entendre ces paroles, ou, si elles arrivaient jusqu'à elle, les sons en étaient trop faibles, trop indistincts pour attirer son attention ; elle courait toujours, légère comme Atalante. — Où va-t-elle ainsi ? mon Dieu ! où va-t-elle ? — murmurait Armand pâle de terreur. Et il redoubla ses cris, mais inutilement ; sa voix s'égarait dans l'espace. Lors même que Galatée eût levé la tête, elle n'eût pu l'apercevoir, perdu qu'il était sur une crête de ce cirque immense, comme un point noir dans les nuages. Une fois cependant il eut une lueur d'espoir, la bergère venait de s'arrêter au pré des Anémones, à l'ombre d'un de ces saules où, peu de jours auparavant, Verneuil lui avait fait l'aveu de son amour. Peut-être, à cette heure de désolation suprême, ces souvenirs cruels et doux lui venaient-ils à la mémoire ; peut-être se demandait-elle comment celui qui avait glissé à ses oreilles de si tendres paroles avait pu l'abandonner... Elle se tourna successivement vers le buisson de roses où Armand s'était tenu caché, vers l'arbre bienheureux à l'ombre duquel ils s'étaient assis tous deux : immobile et rêveuse, elle semblait se complaire dans les idées de bonheur que l'aspect de ces lieux réveillait en elle. Armand eut bientôt deviné tout cela, et, oubliant la distance qui les séparait, il disait avec chaleur : — Je tiendrai mes sermens ; je t'aime encore, je t'aimerai toujours ! — Enfin la jeune fille parut s'arracher avec effort à cette contemplation ; elle se dirigea vers une petite roche qui s'élevait à l'extrémité d'une étroite langue de terre, au bord de l'étang. Là, elle s'arrêta de nouveau, joignit les mains et regarda un moment le ciel, comme si elle adressait à Dieu une prière. Armand ne respirait plus ; penché sur l'abîme, il attendait dans une anxiété terrible. Tout à coup il n'eut plus de doutes. Galatée fit un signe de croix, ramena chastement ses vêtemens autour d'elle, et s'élança dans l'endroit le plus profond du lac. Le bruit de sa chute ne put être entendu d'Armand ; mais il vit les lames fortement agitées se soulever et se refermer sur la pauvre fille. Il poussa un rugissement qui n'avait plus rien d'humain. Puis, fou de désespoir et de rage, sans réfléchir qu'un précipice de cinq cents pieds de profondeur s'en-

fonçait au-dessous de lui, il allait s'élancer en avant et se tuer misérablement, quand une main vigoureuse le saisit et le ramena en arrière. C'était Ravaud, à qui les cris et les mouvemens désordonnés de son ami avaient donné l'alarme, et qui était arrivé à temps pour retenir Armand. Il l'emporta dans un creux du rocher. Verneuil se débattait avec fureur. — Laissez-moi, — disait-il, — au nom de Dieu ! laissez-moi voler à son secours... Elle se noie, vous dis-je, elle se noie !

— Mais qui donc se noie ?

— Elle... Galatée, ma Galatée !

— Ah ! encore ? — fit Ravaud avec une impatience ironique.

Le lieutenant n'avait rien vu de la scène qui venait de se passer. Un seul et rapide regard jeté dans le val Perdu n'avait pu changer en rien sa conviction que Verneuil était radicalement fou.

— Laissez-moi donc. Faudra-t-il que je tire mon sabre ?... Laissez-moi, je veux la sauver ou périr avec elle.

— Vous périrez et vous ne sauverez personne. Voyons, Armand, revenez à vous ; à quoi peut vous servir de vous précipiter du haut en bas de ces rochers ?

— Hélas ! c'est vrai, il est trop tard maintenant... elle est morte... morte !... Eh bien ! — continua-t-il avec un effort convulsif pour se dégager, — puisque elle est morte, je veux mourir aussi... Je ne veux pas survivre à Galatée !

Ravaud, malgré sa vigueur, avait toutes les peines du monde à contenir ce forcené. Tout à coup un bruit épouvantable monta jusqu'à eux de la plaine ; ce bruit, répercuté par d'innombrables échos, ressemblait à celui du tonnerre. Les deux militaires reconnurent le fracas d'une vive fusillade, auquel se mêlèrent bientôt les détonations de l'artillerie.

— Entendez-vous, Armand ? — s'écria le lieutenant avec émotion ; — on attaque déjà le village. Notre brave 62e est cernée par l'ennemi, qui va l'écraser sous le nombre. Si vous êtes résolu à mourir, vous trouverez là-bas une mort glorieuse, au lieu de cette mort obscure et lâche que vous cherchez ici.

Armand se leva d'un air égaré.

— Vous avez raison ; oui, oui... cela vaut mieux, partons.

Mais, quand il fut debout, il voulut se rapprocher de la petite plate-forme d'où l'on dominait le val Perdu.

— Où allez-vous ? — demanda Ravaud en le retenant par la main.

— Voir encore une fois... m'assurer...

— A quoi bon ? Armand, il n'y a pas une minute à perdre... Entendez-vous comme le feu redouble ?... Il y va de notre poste, du salut de l'armée peut-être... Voyez, voyez ; le village est entouré de fumée ; si vous ne vous hâtez pas, nous arriverons trop tard pour mourir !

— Partons donc ! — dit Verneuil avec une sombre énergie.

Et il bondit avec l'agilité d'un chamois sur le versant qui dominait Rosenthal, glissant plus souvent qu'il ne marchait, franchissant les obstacles, ce brave, sans réfléchir qu'un faux pas pouvait lui briser le crâne contre les blocs de granit. Ravaud le suivit avec moins d'impétuosité, mais de manière à prouver toutefois qu'il s'inquiétait peu de sa propre sûreté.

Cependant le lieutenant, hors d'haleine, les mains et les pieds meurtris, fut bientôt obligé de s'arrêter encore une fois, pendant que Verneuil infatigable poursuivait sa course effrénée.

Un dôme de fumée couvrait toujours le village et cachait la position des Français ; on jugeait seulement, à l'irrégularité de la fusillade, qu'ils s'étaient retranchés dans les maisons et que de là ils faisaient un feu bien nourri sur l'ennemi. Celui-ci occupait les hauteurs qui s'élevaient en avant du village. Deux pièces d'artillerie avaient été mises en batterie sur le mamelon principal, et les boulets traversaient comme des murs de toile les frêles constructions de Rosenthal. Néanmoins il était visible que les Austro-Russes attaquaient avec une sorte de mollesse. Soit que, pleins de confiance dans leur nombre, ils ne crussent pas avoir besoin de grands efforts pour venir à bout d'une poignée d'hommes, soit, ce qui était plus probable, qu'ils attendissent le résultat de leur diversion sur les derrières de l'ennemi, ils ne poussaient pas l'attaque bien vigoureusement. C'était à peine si quelques tirailleurs, postés dans les gorges et les ravins, répondaient au feu des Français. Le gros de la troupe observait, l'arme au bras, l'effet de la canonnade ; à un quart de lieue en arrière brillaient dans les buissons les sabres de la cavalerie, qui attendait le moment favorable pour charger à son tour.

Ravaud vit d'un coup d'œil ce que nous avons été forcés de décrire un peu longuement, mais, chose singulière ! ce ne fut pas la situation de ses braves soldats qui le toucha d'abord.

— Comme la jolie Suissesse doit avoir peur ! — murmura-t-il ; — pourvu que la chère enfant ait eu le temps de fuir ou de se cacher ! — Ce tribut payé à la faiblesse humaine, il continua en hochant la tête : — Le sergent Labrune tient bon ; mais il pourrait se trouver fort empêché s'il continuait longtemps ce jeu-là... L'ennemi n'a encore employé qu'une partie de ses forces, et je commence à voir paraître là-bas, dans les ravins, les sournois qui manœuvrent pour nous tourner. Allons, il est temps que nous entrions en danse. Pourvu que ce diable de Verneuil me laisse ma petite part de gloire ! Il a promis de se faire tuer, et il est homme à prendre à la lettre une pareille promesse... Mais, bah ! il y aura de l'ouvrage pour tout le monde ; en avant donc ! et jouons des mains... Ah ! si la belle Claudine pouvait me voir !

Et le galant officier, dégainant son sabre, continua sa course vers Rosenthal, où Armand l'avait déjà précédé. À mesure qu'il approchait, il rencontrait des femmes, des enfans, des vieillards, qui s'enfuyaient pour échapper aux scènes d'horreur et de carnage dont le malheureux village était en ce moment le théâtre.

IX

LE COMBAT.

Le lieutenant Ravaud, en arrivant dans la grand'rue, eut quelque peine d'abord à se reconnaître au milieu de la fumée noire et épaisse qui couvrait Rosenthal comme d'un voile sinistre. Il aperçut enfin, à quelque distance, Verneuil en train de faire sortir les soldats des maisons où ils s'étaient embusqués et à les ranger en bataille. Il avait le sabre à la main ; sa tête était nue car il avait perdu son grand chapeau génevois dans sa course précipitée ; son visage était pâle comme la mort, mais calme et intrépide. Ravaud allait le joindre, quand il rencontra sur son chemin quatre soldats portant un blessé. Celui-ci, quoiqu'il eût une jambe fracassée, jurait, pestait, se débattait pour obliger ses porteurs à l'abandonner et à le laisser retourner au feu. Ravaud reconnut le sergent Labrune.

— Quoi donc ! mon vieux, — dit-il avec un accent de regret en lui touchant la main, — déjà content ?... Du diable ! si vous ne vous êtes pas trop pressé de retirer votre épingle du jeu !

— Ah ! c'est vous, mon lieutenant, — dit Labrune d'un air de satisfaction ; — je ne suis pas fâché de vous voir, vous et le capitaine Verneuil, reprendre la queue de la poêle ; elle est décidément trop chaude pour moi... J'ai reçu un vilain atout, et me voilà réduit à jouer à cloche-pied pour le reste de mes jours ; mais ça ne fait rien ;

Vive la république !... Ah çà ! vous avez eu une fière idée ce matin de nous mettre en garde ; car si nous nous étions laissé surprendre par ces coquins, nous serions maintenant fricassés sans rémission... Mais quand a-t-on pris le capitaine Verneuil ou le lieutenant Ravaud au dépourvu ?

— Allons, vous êtes un vieux flatteur, — répliqua Ravaud avec un peu de confusion ; — mais nous avons autre chose à penser... Sergent, il me faut trente bons drilles qui ne boudent pas, pour aller s'embusquer là-bas dans les broussailles, et cela vivement, car nous sommes cernés.

— Entendez-vous ça, vous autres ? — reprit Labrune avec agitation en s'adressant à ceux qui le portaient. — Posez-moi tout doucement contre cette muraille, la figure tournée vers l'ennemi ; mettez à côté de moi mon fusil et ma giberne, et emboîtez le pas avec le lieutenant, mille jambes de bois !

— Mais, sergent... — objecta timidement un des soldats.

— Mais vous êtes des poltrons ; vous faites les empressés autour du sergent Labrune afin de ne pas vous trouver à l'endroit où les balles et les boulets tombent dru comme grêle... Posez-moi là, vous dis-je, et que le général Souwarow lui-même venait me faire visite, je le recevrais assis sur mon trône, comme un véritable empereur de pommes cuites... Ah ! ma foi ! on se dorlote un peu ; on n'est pas blessé tous les jours, et, quand on l'est, on se la passe douce !

Pendant que le sergent exprimait à sa manière sa résignation soldatesque, Ravaud avait rallié rapidement quelques hommes débandés ; puis, après avoir chargé l'un d'eux de rendre compte à Verneuil, chef actuel du détachement, de l'importante mission qu'il allait remplir, il se porta au pas de course, avec son peloton, sur le point menacé. Il était temps ; moins de dix minutes après son départ, on entendit une vive fusillade dans cette direction.

De son côté, Verneuil avait rangé en bon ordre le reste du détachement, à l'autre extrémité du village, en laissant seulement une ligne de tirailleurs pour tenir l'ennemi en haleine. Celui-ci, surpris de voir le feu se ralentir ainsi, semblait se défier de quelque piége ; d'ailleurs il attendait pour agir sérieusement, comme on l'a dit déjà, l'effet de sa manœuvre sur les derrières de Rosenthal. Il résulta de tout ceci une espèce d'hésitation dans l'attaque et la défense, comme un calme sinistre entre deux tempêtes.

Armand n'adressait à ses gens que des paroles brèves, et son air sombre, presque fatal, n'encourageait personne à l'interroger. Quand il les vit en rangs, il dit d'une voix sourde et saccadée :

— Soldats de la 62e, si nous restons ici, dans moins d'une heure nous serons tués ou prisonniers. La seule chose à faire est de marcher résolûment en avant et de prendre l'offensive. Je me suis mis en tête d'aller chasser l'ennemi de ses positions et de m'emparer des deux pièces de canon qui nous font tant de mal... Me suivrez-vous ?

— Oui, oui, capitaine ! — dirent les soldats tout d'une voix ; — conduisez-nous !

— Fort bien, — reprit Verneuil, dont le visage commençait à s'animer, — mais souvenez-vous de l'affaire de l'Albis ; alors je revins seul de mon détachement ; cette fois je compte ne pas revenir.

Cette allusion au terrible combat dont Armand avait été récemment le héros refroidit un peu quelques jeunes conscrits ; mais deux ou trois grognards répondirent sans hésiter :

— N'importe, n'importe... ! nous vous suivrons.

— Nous vous suivrons ! — répétèrent les autres.

— En avant donc ! et Vive la république !

Le capitaine s'élança le premier en brandissant son snore ; les tambours battirent la charge, et la troupe s'ébranla avec un élan irrésistible.

Au moment où la colonne se mettait en marche, deux cris perçans partirent de la maison du pasteur, située, comme on le sait, à l'entrée du village.

— Mein Got ! — disait une jeune fille dont on n'apercevait que les yeux bleus et les mains jointes à travers le soupirail d'une cave, — le capitaine Verneuil va se faire tuer !

Mais on la ramena vivement en arrière, et la gracieuse figure disparut dans l'obscurité du souterrain.

— Armand, mon cher Armand, — criait en même temps un homme qui se montra à une fenêtre brisée du premier étage, — je suis ici... attendez-moi... Au nom du ciel ! souvenez-vous que vous êtes mon seul appui.

Le tumulte de la bataille, les roulemens des tambours, les pétillemens de la fusillade empêchèrent cette double interpellation d'être entendue. Armand continua sa course sans se retourner, emporté dans le tourbillon d'une charge furieuse.

Alors celui qui venait de parler, jeune homme agile et dispos, franchit légèrement la fenêtre peu élevée, s'élança dans la rue, et rejoignit les troupes françaises qui déjà escaladaient les rochers.

Cependant l'ennemi attendait toujours dans ses positions que le détachement envoyé pour tourner le village donnât des signes de son approche. Le ralentissement du feu des Français lui faisait croire que la 62e était déjà aux abois ; aussi, quand les coups de fusil qui éclatèrent à l'arrière dans les montagnes annoncèrent le succès de la manœuvre, espéra-t-il n'avoir qu'à se montrer pour couper court à toute résistance. Quel fut donc son étonnement quand le rideau de fumée qui couvrait les alentours s'écarta tout à coup, et quand il aperçut les troupes républicaines s'avançant en bon ordre pour le chasser des hauteurs !

L'audace de cette entreprise était telle que le général autrichien, aussi prudence et aussi flegme germaniques, se fortifia dans la pensée qu'on lui tendait quelque piège. Il ne pouvait comprendre qu'une poignée d'hommes osât venir l'attaquer dans des conditions où leur extermination complète paraissait certaine. Il s'informa auprès de ses officiers si la garnison de Rosenthal n'avait pu recevoir des renforts. Lui-même promena sa lunette sur le paysage environnant, pour rechercher ce qui avait pu justifier cet acte de folle témérité. Enfin, bien convaincu que les Français obéissaient seulement à cet instinct belliqueux, à cette *furia* nationale qui en fait les premiers soldats du monde, il commanda de repousser énergiquement l'attaque.

L'ordre fut exécuté aussitôt ; mais Verneuil avait mis à profit le moment d'hésitation causé par sa manœuvre hardie. Quand les balles et la mitraille recommencèrent à siffler sur la tête de ses gens, ils étaient déjà arrivés au pied des hauteurs, où les roches éparses et les buissons les abritaient d'une manière sensible. D'ailleurs une épaisse fumée ne tarda pas à envelopper de nouveau la colline ; les deux partis ne se voyaient plus, et l'on tirait presque au hasard. Aussi quand, plus tard, le vénérable pasteur de Rosenthal racontait, assis devant sa porte, aux villageois réunis, les détails de cette lutte terrible, leur disait-il dans son langage biblique en leur montrant la colline, qu'elle lui était apparue alors « comme le mont Sinaï, couverte de nuées, de foudres et d'éclairs. » Le bonhomme oubliait de mentionner qu'elle lui était apparue ainsi à travers le soupirail de sa cave.

Verneuil avait recommandé à ses soldats de ne pas perdre de temps à décharger leurs armes, mais d'avancer rapidement en réservant leur feu pour le moment décisif. Lui-même marchait toujours en tête, sans s'apercevoir qu'un homme qui ne portait pas l'uniforme français le suivait assidûment et semblait veiller sur lui avec une sollicitude fraternelle. Le capitaine ne jetait jamais un regard en arrière ; enivré par cette atmosphère de poudre et de fumée, il dévorait l'espace, agitant son sabre avec une sorte de frénésie ; et, dans les rares intervalles des décharges, on l'entendait crier de sa voix retentissante :

— En avant ! en avant !

Néanmoins le feu des Autrichiens avait fait essuyer de grandes pertes aux assaillans ; plusieurs avaient été précipités en bas de la colline ; d'autres s'accrochaient tout sanglans aux rochers pour éviter le même sort. Mais ce fut surtout quand la 62e atteignit le sommet de la hauteur, et dut s'arrêter pour se reformer, qu'elle éprouva des dommages considérables. En une minute, le sol fut jonché de morts et de blessés ; le canon emportait des files entières ; le sang ruisselait de toutes parts.

Au milieu de cette scène de carnage, Armand ne semblait occupé que du soin de réunir ses hommes et de les mettre promptement en ligne. Il y parvint enfin, et aussitôt il les lança sur les rangs autrichiens. Arrivé à trois pas d'eux, il commanda feu, à son tour, et une effroyable explosion ébranla la campagne.

L'effet de cette décharge générale fut magique ; la plupart des coups, tirés presque à bout portant, avaient fait plusieurs victimes. Les Austro-Russes parurent comme foudroyés. Verneuil, sans leur donner le temps de se reconnaître, ordonna d'en venir à la baïonnette, cette arme si redoutable dans des mains françaises. Lui-même se précipita vers les canons, objets de sa convoitise, et se mit à sabrer les artilleurs sur leurs pièces.

La lutte prit alors un caractère nouveau ; on se battait corps à corps et à l'arme blanche ; mais le combat, pour être moins bruyant qu'auparavant, n'en était pas moins terrible. L'ennemi, cruellement décimé par la décharge à bout portant, conservait pourtant l'avantage du nombre, et chaque Français devait faire face à plusieurs adversaires. Aussi, malgré la valeur et l'acharnement des assaillans, nul n'eût pu prévoir encore quel parti serait définitivement vainqueur.

Dans ce moment de crise, Armand s'exposait avec une témérité explicable seulement par son désir bien arrêté de mourir. Comme nous l'avons dit, il s'était jeté sur les artilleurs allemands, et il ne s'inquiétait pas si ses hommes étaient à portée de le soutenir. Le visage enflammé, l'œil en feu, il venait de renverser un des chefs de pièce, quand un autre artilleur arma son mousqueton et le coucha en joue. Le capitaine ne vit pas ce mouvement ; une voix déchirante s'écria derrière lui :

— Prenez garde à vous, capitaine Verneuil !

En même temps quelqu'un s'élança, et deux bras se serrèrent autour de son corps. Ne sachant encore s'il avait affaire à un nouvel ennemi, l'impétueux Verneuil s'efforçait de se dégager de cette étreinte imprévue ; mais un coup de mousquet partit tout près de lui ; aussitôt les bras se détendirent d'eux-mêmes, et celui qui le pressait tomba frappé d'une balle à la poitrine.

Armand se retourna enfin, et devina que quelqu'un venait de se dévouer pour lui. Son sauveur était renversé par terre, tout sanglant ; c'était le jeune homme qui l'avait suivi depuis Rosenthal, et dont il n'avait pas remarqué la présence au milieu du désordre de la mêlée. Cette fois, à peine le militaire eut-il jeté un regard sur ce visage, déjà pâle de la pâleur de la mort, qu'il poussa un cri déchirant.

— Lysandre, mon cher Lysandre, — dit-il en laissant tomber son sabre, — est-ce bien vous ?

— Oui, c'est moi, — répliqua le blessé avec un sourire douloureux ; — vous m'aviez quitté, je suis venu vous chercher.

— Mais comment se fait-il ?... O mon Dieu ! cette

blessure paraît fort grave... Vous aussi, mourir, mourir pour moi... c'est impossible !

— Ami, — reprit Lysandre avec sa douceur inaltérable, — voilà un terrible réveil après tant de beaux rêves.... mais je ne m'en plains pas ; ce que je vois des hommes civilisés ne me fait pas désirer de vivre plus longtemps au milieu d'eux... D'ailleurs ma mort aura été utile à celui de ceux que j'aime le mieux, et elle effacera l'inutilité de ma vie.

— Mais je ne veux pas que vous mouriez, moi ! — s'écria Verneuil au désespoir ; — je ne veux pas avoir été cause de la perte de tous ceux qui m'ont témoigné de l'affection dans cette heureuse solitude du val Perdu... La science fera un miracle pour vous sauver ! on vous sauvera, ou je brûlerai la cervelle au major ! Attendez...

Il se mit en devoir de charger Lysandre sur ses épaules et de l'emporter hors du champ de bataille.

— Armand, c'est inutile, — répliqua le jeune homme en se débattant faiblement ; — songez à votre propre sûreté... Ah ! mon pauvre père avait raison, le monde est bien méchant ! — Cette scène extraordinaire avait lieu au milieu des rangs ennemis ; les Français s'étaient ralliés autour de leur chef, et le protégeaient avec efficacité pour le moment. — Armand, — continua le blessé, — ne songez plus à moi, et conservez-vous pour Galatée, qui vous aime. J'ai dû partir ce matin sans la prévenir ; mais que deviendrait-elle si vous étiez perdu pour elle sans retour ? Ma mort va sans doute changer bien des choses... Un peu plus tard, bientôt, osez vous présenter à mon père. Le chagrin aura brisé son âme opiniâtre ; il vous accordera la main de Galatée, et tous ensemble vous donnerez quelquefois un souvenir de regret au pauvre Lysandre.

— Galatée ! — répéta Verneuil avec égarement, — vous ne savez donc pas...! Oh ! oui, — ajouta-t-il plus bas comme à lui-même, — qu'il ignore cette terrible catastrophe, qu'il l'ignore toujours !

Il saisit le blessé dans ses bras et se mit en marche pour le village, où il comptait trouver des secours. Dans l'impuissance où il était de se défendre avec un pareil fardeau, il ne fût pas allé bien loin peut-être, si la fortune ne se fût enfin déclarée pour lui.

Tandis que la bataille se prolongeait ardente et acharnée sur le plateau, un petit peloton de Français déboucha tout à coup en bon ordre du côté de Rosenthal. C'était Ravaud, qui, après avoir dispersé le détachement chargé de tourner le val Perdu, accourait de toute sa vitesse pour prendre part à l'affaire principale. La panique s'empara des Austro-Russes ; ils crurent que ce peloton était l'avant-garde de renforts plus considérables envoyés par l'armée française, qui était campée à quelques lieues de là, et ils se débandèrent aussitôt, abandonnant leur artillerie et leurs bagages.

Indifférent à la victoire, Armand laissa ses hommes poursuivre les fuyards, et il continua de descendre vers le village. A mi-chemin environ, il rencontra Ravaud et sa troupe, qui s'empressaient pour achever la déroute des Autrichiens.

— Eh bien ! Verneuil, — s'écria le lieutenant avec un accent de triomphe, — je vous disais bien que nous les frotterions ! A vous l'honneur, pourtant, car vous les avez menés rondement... Mais que diable est ce blessé que vous emportez là ? il n'appartient certainement pas à la 63e.

Armand ne répliqua pas et passa, tandis que le lieutenant continuait son mouvement en sens inverse. Ravaud arriva encore à temps pour couper court à certaines velléités de résistance que montraient des groupes ennemis, et les Français restèrent décidément seuls maîtres du champ de bataille.

Le capitaine Verneuil atteignit avec son fardeau cette hospitalière maison du pasteur où il avait déjà trouvé un asile. La porte était enfoncée et béante. Au moment où il entra dans la salle basse, monsieur Penhofer et sa fille, rassurés par l'éloignement des combattans, venaient de

quitter leur cachotte souterraine, et examinaient avec tristesse les ravages de la guerre dans leur paisible demeure. Les meubles étaient brisés, les fenêtres n'avaient plus de châssis ; un boulet de canon avait ouvert le toit, à travers lequel on apercevait le ciel.

A la vue d'Armand, tous les deux néanmoins firent un mouvement de joie.

— Il est vivant ! il n'est pas blessé ! — s'écria Claudine en allemand.

— Vous vous êtes enfin souvenu de vos amis, capitaine Verneuil, — dit le pasteur en s'avançant pour lui serrer la main ; — allons, il vaut mieux tard que jamais... Grand Dieu ! — ajouta-t-il en voyant le capitaine déposer doucement Lysandre sur un matelas dont les soldats s'étaient servis récemment pour amortir l'effet des balles, — que nous apportez-vous ici ?

— Un pauvre enfant bien digne de votre généreuse pitié, monsieur Penhofer. C'est en me protégeant qu'il a reçu cette affreuse blessure ; il m'a sauvé la vie.

Aussitôt Claudine s'empressa auprès de Lysandre pour lui porter les premiers secours ; mais, dès qu'elle l'eut envisagé, elle fit un geste d'étonnement.

— Mon père, — dit-elle, — ne le reconnaissez-vous ? C'est... c'est...

— C'est ce jeune Français, si modeste et si timide, qui est arrivé ce matin à Rosenthal, — dit le pasteur ; — nous n'avons pu savoir ni qui il était, ni d'où il venait ; il s'est adressé à nous tout d'abord pour s'informer si vous aviez reparu au village. On disait alors que vous étiez allé faire une reconnaissance dans le voisinage avec le lieutenant Ravaud. Ce mystérieux jeune homme nous a demandé la permission de vous attendre ici ; il paraissait fort impatient de vous voir et de vous parler. Mais on a attaqué Rosenthal, et, au milieu de cet épouvantable tumulte, j'ignorais ce qu'il était devenu. — Tout en parlant, le digne homme avait découvert la poitrine de Lysandre et examinait la blessure. Il secoua tristement la tête. — La balle a offensé le poumon, — murmura-t-il ; — il respire à peine, il suffoque... il n'y a plus d'espoir.

— Je vais aller chercher le major de notre demi-brigade, — dit Armand avec une vivacité fébrile ; — c'est un homme habile, il parviendra peut-être... Un cheval ! il me faut un cheval !

Monsieur Penhofer le retint par le bras.

— C'est inutile, — dit-il d'un ton solennel, — ne vous éloignez pas... Aussi bien le malheureux paraît reprendre un peu connaissance et vouloir vous parler... sans doute pour vous dire adieu...

En effet, Lysandre s'agitait convulsivement, ses yeux s'étaient rouverts et se fixaient sur Armand comme pour l'appeler près de lui. Armand se rapprocha en silence.

— Galatée ! — soupira le jeune homme en cherchant à lui prendre la main, — n'oubliez pas Galatée... elle vous aime...! Dites à mon père...

Il ne put achever ; un léger souffle glissa à travers ses lèvres livides, et il retomba sans mouvement.

Verneuil poussa un cri déchirant, et se jeta le visage contre terre, en proie au plus affreux désespoir. Le pasteur et Claudine s'étaient agenouillés près du cadavre, et priaient en pleurant. . . . .
. . . .
. . . .
. . . .

Le lendemain, une division de l'armée française vint renforcer la garnison de Rosenthal, et le général commandant félicita publiquement Verneuil de son courage, aux acclamations de tous les soldats réunis sur la place du bourg.

— Ils appellent cela du *courage!* — murmurait Armand avec un sourire amer.

X

LES VOYAGEURS.

Nous profiterons ici de notre privilége de romancier, privilége qui va jusqu'au *quidlibet audendi*, accordé par Horace aux peintres et aux poëtes, pour franchir d'un bond cinq ou six années.

Un jour de printemps de l'année 1805, une voiture de poste, attelée de quatre chevaux, montait rapidement les coteaux qui s'étagent en vastes gradins du lac de Zurich au village de Rosenthal. Deux domestiques en livrée, assis sur le devant de la voiture, annonçaient des voyageurs de quelque importance, et l'aspect des maîtres eux-mêmes ne démentait pas cette opinion. C'étaient deux Français, deux militaires, comme on pouvait en juger, malgré leur costume bourgeois, à leurs manières un peu raides, à leur parler brusque, à leur prodigalité. Ils venaient de France par Genève, et, tout le long de la route, ils avaient laissé l'or glisser entre leurs doigts avec autant d'insouciance que des pièces de cuivre. Aussi les aubergistes et les postillons avaient-ils célébré, les uns avec leurs fouets, les autres avec leurs langues, non moins agiles et non moins bruyantes, les splendeurs et le haut rang de ces opulens voyageurs. Le plus jeune des deux, celui qui paraissait le personnage principal, portait la rosette d'officier de la Légion d'honneur, et cette distinction, alors beaucoup plus rare qu'aujourd'hui, avait fait merveille sur leur passage. L'indiscrétion des domestiques, qui laissaient croire volontiers que leur maître était un ami intime de l'empereur, avait achevé de mettre les têtes en fermentation ; aussi, de Genève à Zurich, était-on persuadé que le voyageur dont il s'agit était un ambassadeur en titre, ou du moins un de ces aides de camp qui sillonnaient incessamment l'Europe dans tous les sens pour en préparer la transformation au gré des caprices de Napoléon. On saura bientôt jusqu'à quel point les suppositions des enfans de Guillaume Tell se trouvaient fondées.

A mesure que la voiture approchait de Rosenthal, ceux qui en occupaient l'intérieur donnaient des signes d'agitation et de vive curiosité. On commençait à entrevoir dans le lointain les toits rouges des maisons du village et les pointes de rochers qui le dominaient. Le militaire à la rosette ne quittait plus la portière, contemplant d'un œil avide le riche paysage qui formait devant lui un majestueux amphithéâtre. Mais il semblait que ce magnifique tableau lui suggérât seulement des idées pénibles. Sa figure brune et martiale s'était assombrie ; il gardait le silence, et deux ou trois fois il avait porté la main à son front, geste ordinaire de ceux qui souffrent ou qui veulent chasser de douloureux souvenirs.

Rien cependant ne rappelait plus autour du village des scènes de meurtre et de dévastation. Les hauteurs qui avaient été le théâtre du combat, et du sommet desquelles l'artillerie avait tonné pendant plusieurs heures sur les habitations de Rosenthal, étaient de nouveau couvertes de sureaux fleuris et de verdure ; un jeune enfant faisait paître ses vaches à l'endroit où avait été établie la formidable batterie. La campagne était calme et solitaire. Un doux soleil de mai épanouissait les boutons des amandiers et des pêchers ; dans les petits champs qui précédaient le village, les épis déjà formés se balançaient mollement sur leurs tiges. Plus de détonations, plus de fumée, plus de carnage. Le village lui-même n'offrait aucune trace de ses désastres passés. Les brèches ouvertes par les boulets avaient été réparées, les maisons ruinées avaient été rebâties ; tout avait repris un air tranquille et riant qui faisait plaisir à voir.

N. ET R. CH. — II.

Ces changemens ne paraissaient pas impressionner le second voyageur de la même manière que son compagnon de route, et il examinait toutes choses avec une satisfaction évidente. Celui-ci, dont les volumineuses moustaches et la rude chevelure frisée nous rappellent une ancienne connaissance, n'avait guère que quatre ou cinq ans de plus que l'autre ; mais son teint couperosé et son ventre proéminent, qui manifestait une forte tendance à l'obésité, lui donnaient l'air beaucoup plus âgé. Cependant une large cicatrice qui lui partageait le front, noir sur un fond bistre, et le ruban de simple chevalier qui ornait aussi sa boutonnière, prouvaient que, malgré ces signes de maturité, il savait encore être homme d'action et de résolution au besoin.

Penché à l'autre portière, il avait plusieurs fois laissé échapper des exclamations de joie que son ami n'avait pas paru entendre.

— Ah ! colonel, — dit-il enfin en se frottant les mains, — ces lieux doivent vous rappeler, comme à moi, de fiers souvenirs ! Les Kaiserlichs dont reçu là une de ces brûlées qui ne s'essuient pas d'un coup de mouchoir... ça fait plaisir à voir et à se rappeler ; ça ravigote, comme une goutte de schnick sur l'estomac, pendant une marche forcée ! — Celui à qui il s'adressait se jeta en arrière sur les coussins de la voiture, et se couvrit les yeux de ses deux mains en poussant un profond soupir. — Vous n'avez jamais aimé à parler de cette affaire, — continua le voyageur, — quoique ce soit celle où vous avez acquis le plus de gloire ; cependant, colonel, permettez à un vieux camarade de vous dire qu'il ne s'est rien passé ici dont vous ayez à rougir ou que vous ayez à regretter.

— La vue de ce pays, si plein pour vous d'agréables souvenirs, — répliqua le colonel d'une voix altérée, — me rappelle les plus poignantes émotions, mais terribles chagrins de ma vie.

— Voilà ce que je ne puis comprendre, à moins que votre humeur noire n'ait pour cause la mort de ce jeune paysan, qui... Le balafré s'interrompit en voyant le front de son interlocuteur se rembrunir encore davantage. — Eh bien! laissons ce sujet s'il vous déplaît, — continua-t-il. — Cependant votre inexplicable aversion pour le village de Rosenthal me chagrine d'autant plus que je ferai ici peut-être une halte indéterminée...

— Que dites-vous, Ravaud ? — demanda avec distraction Armand de Verneuil, que le lecteur a sans doute déjà reconnu dans le colonel mélancolique ; — voudriez-vous quitter le service de l'empereur ?

— Ma foi ! je ne dis pas non, et, le cas échéant, le congé de semestre que j'ai obtenu pour vous accompagner en Suisse deviendrait un congé définitif... Écoutez donc, mon cher Verneuil, je ne suis pas comme vous du bois dont on fabrique les généraux et les maréchaux de France ; j'ai près de quarante ans, je suis capitaine et décoré, je ne peux guère aller plus loin ; je n'ai de chance désormais que pour me faire tuer ou déferrer d'un membre dans quelque bataille. D'ailleurs le métier m'ennuie depuis que je ne peux plus être votre compagnon de tous les instans comme autrefois. Je suis donc résolu, si les choses tournent bien, à laisser là l'uniforme et à m'installer dans cette paisible bourgade. Moitié bourgeois, moitié paysan, j'aurai une femme, des enfans, des lapins ; je boirai de la bière, je vendrai du fromage, et je serai heureux.

— Mais enfin, Ravaud, pourquoi vous retirer ici, en Suisse, plutôt qu'en France, votre pays natal ?

— Ah çà ! vous avez donc oublié la petite Claudine, la fille du pasteur protestant ? — dit Ravaud en jetant un regard oblique au colonel. — Si cela est, tant mieux ! car, bien que depuis plusieurs années vous passiez pour un Caton de sagesse, je me souviens, moi, que la chère enfant avait un faible pour vous, et, ma foi ! l'occasion... Mais puisque vous n'y songez plus, tout s'arrange. Sachez donc, mon cher Verneuil, que, le jour où nous quittâmes le village, après la frottée en question à l'adresse des Kaiserlichs, je provoquai une explication avec ma jolie Suissesse. Nous eûmes de la peine à nous entendre, car elle parle assez mal le français, et je ne suis pas fort comme un Turc sur la langue allemande ; cependant je lui déclarai ma flamme du mieux que je pus, et je parlai de mariage pour mon retour, qui devait avoir lieu à la fin de la campagne. On me promit de m'attendre. Malheureusement la guerre nous a donné force besogne depuis cette époque, et je n'ai pu encore venir sommer Claudine de tenir sa parole. Mais me voici enfin. La petite, d'après mon calcul, ne doit pas avoir plus de vingt-quatre ou vingt-cinq ans : c'est la fleur de l'âge et de la beauté. Dans ces familles protestantes, une promesse est sacrée ; je n'ai donc pas à craindre d'être éconduit. J'épouserai ma jolie Claudine, à laquelle j'ai tant pensé au bivouac, en garnison, dans les bons comme dans les mauvais jours !... Jugez, colonel, si j'ai sujet de me réjouir de mon retour dans ce bienheureux village de Rosenthal !

— Puisse tout vous réussir à souhait ! — murmura Verneuil.

Il y eut un moment de silence pendant lequel on n'entendit que le roulement de la voiture sur le pavé et les claquemens de fouet du postillon:

— Véritablement, mon cher Armand, — reprit enfin Ravaud, — je ne m'explique pas encore comment, avec l'extrême répugnance que vous avez montrée pour ce voyage, vous vous êtes décidé à l'entreprendre. Jusqu'ici, je n'ai pas osé vous presser de questions ; mais...

— Rien n'est plus simple pourtant, — répondit le colonel ; — je vous ai déjà dit, Ravaud, que c'était l'ordre de l'empereur, et cette raison est péremptoire pour des soldats comme nous.

— Sans doute, sans doute ; cependant vous êtes convenu que vous n'aviez aucune mission diplomatique auprès du gouvernement suisse ?

— Allons ! il est temps de vous faire une confession générale, mon cher Ravaud, — reprit le colonel en sortant enfin de son accablement, — et de vous demander votre avis sur la singulière situation où je me trouve. Si je ne m'en suis pas ouvert à vous plus tôt, ce n'est pas que la confiance m'ait manqué, mais je voulais tâcher de m'éclairer moi-même par la réflexion sur des événemens qui m'apparaissent encore remplis d'obscurité. Écoutez-moi donc :

« Il y a huit jours environ, je me rendis à la réception des Tuileries. Sitôt que l'empereur m'aperçut, il vint à moi et m'entraîna dans une embrasure de fenêtre.

» — Colonel de Verneuil, — me dit-il de ce ton bref que vous lui connaissez, — j'ai eu de vos nouvelles ces jours passés, et je me suis beaucoup occupé de vous. Voyez Z*** ; il vous veut du bien, et il vous dira mes intentions à votre égard.

» Là-dessus, il me quitta, et il alla recevoir un ambassadeur qu'on venait d'annoncer.

» Pour moi, je restai interdit et inquiet. Malgré la bienveillance apparente de l'empereur, j'avais cru voir percer dans son ton une ironie de mauvais augure.

» Je passai une nuit fort agitée ; le lendemain matin, je courus chez monsieur Z***, qui est, vous le savez, un des ministres les plus influens, et lui demandai de quoi il s'agissait.

» Monsieur Z*** me reçut amicalement, et me dit :

» — Il n'y a rien dans tout ceci qui doive vous alarmer, mon cher colonel ; et, comme vous allez le voir, vous avez bien plutôt sujet de vous réjouir. L'empereur aime à se mêler des affaires de ceux de ses officiers pour lesquels il a une estime et une affection particulières ; à ce titre, il devait penser à vous. Vous n'ignorez pas qu'il cherche en ce moment à relever l'ancienne noblesse, et autant que possible à opérer sa fusion avec la nouvelle. Vous appartenez à une famille qui remonte aux croisades ; votre mérite personnel vous rend digne de devenir le chef et le restaurateur de votre illustre maison. C'est pour vous donner les moyens d'atteindre ce but que l'empereur a résolu de vous marier et qu'il a voulu lui-même vous chercher une femme.

» Ici le ministre s'arrêta et me jeta un regard oblique. J'étais troublé ; cependant je répondis respectueusement que, malgré ma vive reconnaissance pour les bontés de l'empereur, je jugeais les devoirs de mon service militaire incompatibles avec le mariage.

— Comment ! — interrompit Ravaud avec une espèce d'effroi, — vous avez osé refuser une femme choisie par l'empereur lui-même ?

— Cela ne vous étonnerait pas, mon ami, — répliqua le colonel avec mélancolie, — si vous n'aviez pas considéré comme des visions mes aventures dans ces montagnes... Mais laissez-moi achever.

« Monsieur de Z*** sourit de son sourire fin de vieux diplomate :

» — Attendez, — me dit-il, — vous ne savez pas encore ce que vous refusez.

» Et il se mit à me détailler les avantages qu'aurait pour moi le mariage projeté. La femme que l'on me destinait était mademoiselle de Sancy, fille du marquis de Sancy, qui avait été longtemps grand maître de l'artillerie sous Louis XV. Restée orpheline de bonne heure, elle avait été élevée par un ancien ami de son père, qui l'avait emmenée avec lui en émigration. Depuis son retour, elle vivait avec sa famille d'adoption, dans une province éloignée. Elle était pourvue de tous les talens qui font une femme accomplie, et sa beauté, disait-on, surpassait l'imagination. De plus, elle avait une dot de deux cent mille écus, et l'empereur, pour me prouver sa satisfaction de cette alliance, me donnait à moi cent mille francs avec le titre de baron pour cadeau de noces.

» Ces offres magnifiques ne me séduisirent pas d'abord : je répétai au ministre que je ne voulais pas me marier, et j'employai toutes sortes de raisonnemens pour justifier ma résistance ; mais monsieur de Z*** ne se rebuta pas. Il me fit entendre que si j'avais dans le cœur quelque ancienne passion, ce ne pouvait être une raison de refus ; qu'on se mariait plus souvent par convenance que par affection ; que j'encourrais le mécontentement de Sa Majesté en paraissant mépriser ses généreuses intentions à mon égard, et que tout mon avenir pourrait être compromis par une semblable faute. Enfin il me retourna de tant de manières, employant tour à tour la persuasion et la menace, que je finis par céder, et que je lui promis d'obéir.

« Quand monsieur de Z*** m'eut amené à ce point, il ms sembla voir briller dans son œil gris quelque chose de cette ironie que j'avais cru remarquer déjà dans le regard de l'empereur ; mais ce ne fut qu'un éclair.

» — Écoutez encore, colonel Verneuil, — reprit-il bientôt ; — la politique doit avoir sa part dans les faveurs dont on vous comble ; aussi l'empereur désire-t-il que, à l'occasion de votre mariage avec mademoiselle de Sancy, vous lui présentiez, un jour de grande réception, ceux de vos nobles parens et alliés qui boudent aujourd'hui la cour impériale...

» J'interrompis brusquement monsieur de Z***.

» — Mais, monseigneur, — lui dis-je, — je n'ai jamais eu de relations avec les parens dont vous parlez ; je ne les connais pas, et, quand j'étais enfant et orphelin, aucun d'eux n'a songé à me tendre la main.

» — Bon, — interrompit le ministre en souriant, — raison de plus pour qu'ils vous reconnaissent quand ils vous retrouveront riche et puissant... Vous ferez une démarche près d'eux et vous verrez l'effet. Dans tous les cas, il est impossible que vous ne vous présentiez pas à l'autel assisté de mon ancien ami le comte de Rancey, qui, si je ne me trompe, a été votre tuteur.

» J'affirmai à monsieur de Z***, ce qui est vrai, que je n'avais jamais vu le comte de Rancey, et que, depuis plus de quinze ans, mes relations avec lui étaient complètement interrompues.

» — Voilà qui est bizarre, — dit le ministre. — Ensuite

Rancey était déjà fort original quand nous étions tous deux à la chambre des enquêtes du parlement de Paris, et rien ne peut m'étonner de lui. Il avait alors la tête perdue de philosophisme et d'utopies absurdes ; il a fini par disparaître un beau jour sans qu'on sût où il était allé cacher sa misanthropie... Mais vous, son parent, vous connaissez nécessairement le lieu de sa retraite ?

» — Monseigneur, je l'ignore comme vous.

» Monsieur de Z*** fit un signe de doute ; je renouvelai mon affirmation avec plus de fermeté.

» — Eh bien ! — reprit le ministre, — ce sera moi qui me chargerai de découvrir son adresse. Rancey possède encore de grands biens en France, grâce à la précaution qu'il a prise autrefois de mettre ses propriétés sous des prête-noms ; je découvrirai aisément, soit à Paris, soit en province, les banquiers ou gens d'affaires chargés de percevoir ses revenus. Je vais écrire sur-le-champ à mon collègue de la police. Revenez me voir dans quelques jours, j'aurai certainement des nouvelles à vous donner... Vous savez, mon cher colonel, — continua-t-il confidentiellement me reconduisant, — que Sa Majesté tient beaucoup, mais beaucoup, à ce que l'on voie aux Tuileries le comte de Rancey et quelques autres personnes de votre parenté dont les noms ont figuré dans les fastes de la France. On prétend, dans les cours étrangères, que nous ne sommes entourés que de plébéiens et de parvenus ; on assure que les grands personnages de l'ancienne aristocratie refusent de se rallier à nous, et cette opinion peine beaucoup l'empereur, qui, vous le savez, n'aime pas la *canaille*. C'est une faiblesse peut-être, mais c'est la faiblesse d'un grand homme et nous devons la respecter.

» Mon audience était finie, je me retirai. Trois jours après je reçus un mot qui m'invitait à passer à l'hôtel du ministère. J'y courus, monsieur de Z*** m'attendait.

» — Bonne nouvelle ! — me cria-t-il aussitôt qu'il m'aperçut ; — Fouché a fait merveille ; notre sauvage est retrouvé, malgré ses minutieuses précautions pour se rendre introuvable. J'ai acquis la certitude qu'il s'est réfugié en Suisse, dans le canton de Zurich, au village de Rosenthal.

» — Rosenthal ! — répétai-je involontairement.

» Le ministre me regarda fixement.

» — Ah ! oui, je sais, — reprit-il avec un petit signe de tête ; — ce lieu a été le théâtre d'un de vos plus beaux faits d'armes... aussi il doit vous plaire, et vous n'hésiterez pas à partir sans retard.

» — Sans retard, monseigneur ! Mais ne faut-il pas que j'obtienne congé de l'empereur, que je me fasse délivrer un passe-port ?

» — Tout est prévu, — répliqua monsieur de Z*** en me présentant un papier signé du ministre de la guerre ; — voici les pièces nécessaires ; vous devez être bien et dûment marié avant la campagne qui se prépare, et cette campagne est plus prochaine peut-être qu'on ne le pense. L'empereur m'a chargé de vous transmettre l'ordre de prendre la poste sur-le-champ, et il tient particulièrement à ce que toutes ses prescriptions soient remplies.

» Malgré ma soumission absolue aux volontés de mon illustre bienfaiteur, j'avais bien des objections à présenter contre ce voyage subit, bien des explications à demander ; mais je n'en eus pas le temps. On vint avertir le ministre qu'il était attendu au conseil. Il s'empressa de me serrer la main ; il me répéta encore que toute résistance de ma part pourrait avoir des conséquences fâcheuses, et il me quitta brusquement.

« Ce fut alors que je vous invitai à m'accompagner, mon cher Ravaud. Je me sentais incapable d'entreprendre seul un voyage qui devait me rappeler tant d'émotion douloureuses ; je me défiais de ma faiblesse ; je voulais avoir près de moi un ami éprouvé pour me soutenir au besoin. Vous étiez alors en congé ; sitôt que je vous ai eu fait entendre que votre présence me serait agréable, vous vous êtes décidé à me suivre sans demander d'explications. Le lendemain de ma conversation avec le ministre, nous étions en tête-à-tête dans cette voiture, comme nous y sommes maintenant. »

Ravaud avait écouté ces explications avec une grande attention, lissant sa moustache ou se grattant l'oreille à certains passages. Cependant l'honnête militaire avait pris les choses au pied de la lettre, et n'était aucunement frappé des particularités passablement mystérieuses de ce récit.

— Ma foi ! colonel, — dit-il après un moment de réflexion, — ce n'est pas là de quoi se tourmenter beaucoup... L'empereur veut vous marier avec une jolie fille, pourvue d'une grosse dot, il faut le laisser faire ; il veut encore que vous lui ameniez votre vieux noble de parent (quelque ancien marquis à culotte brodée et à ailes de pigeon, j'imagine), je n'y vois pas de mal, si toutefois vous parvenez à mettre la main sur l'oiseau. Seul, je ne trouve pas mon compte à cet arrangement, et décidément il ne me reste qu'à m'enterrer ici avec une femme, des enfans et des lapins...

— Et pourquoi cela, mon bon Ravaud ?

— Pourquoi ? — répliqua le capitaine d'une voix altérée, en serrant vigoureusement la main de Verneuil, — parce que la différence des grades nous avait déjà bien assez éloignés l'un de l'autre, Armand ! Quand une fois vous aurez épousé une demoiselle de haut parage, quand vous serez baron et entouré de vos parens les aristocrates, vous ne pourrez plus avouer pour ami un troupier sans-culotte comme moi, qui jure, qui sacre sans cesse à se démonter la mâchoire, un butor destiné à vivre avec des butors comme lui... Aussi, je vous le répète, je me fais paysan, je donne ma démission... j'aime mieux ça.

Et une larme brilla sur la joue bronzée du militaire.

Armand lui rendit chaleureusement sa pression de main.

— Me jugez-vous si mal, Ravaud ? — reprit-il avec cordialité ; — ce mariage que je n'ai pas souhaité, et qui peut-être contribuera à augmenter mes chagrins secrets, pourrait-il assez m'obliger à sacrifier une amitié longue et éprouvée comme la vôtre ? Je ne sais ce qu'il adviendra de tous ces plans ; mais souvenez-vous que, dussé-je épouser une duchesse, mon vieux compagnon d'armes aura toujours sa place à mon foyer et dans mon cœur.

— Ah ! que c'est bien dit ! — s'écria Ravaud transporté.

— Je vous remercie, Armand. Oui, oui, vous êtes un brave garçon, et vous m'ôtez de l'estomac un poids de cinq cents livres... N'importe ; je sais ce qui me reste à faire. C'est assez ; motus... Ah çà ! — ajouta-t-il d'un ton plus calme en s'essuyant les yeux, — comment comptez-vous vous procurer des renseignemens positifs sur le comte de Rancey ?

— On m'a assuré que tout le monde, à Rosenthal, pourrait m'indiquer sa demeure... Rendons-nous donc à la principale auberge, et là sans doute on nous renseignera.

Ils entraient en ce moment dans le village, et les habitans, attirés par les claquemens du fouet du postillon, accouraient sur les portes pour voir une chaise de poste, spectacle assez rare alors dans cette partie de la Suisse. En passant devant l'ancienne demeure du pasteur, Ravaud remarqua que la maison avait été rebâtie à neuf ; mais des visages inconnus se montraient seuls sur les galeries. Le cœur du pauvre capitaine se serra.

— Je ne vois pas Claudine, — murmura-t-il en proie à de sombres pressentimens.

Pendant ce temps, le colonel observait, dans le petit cimetière qui longeait la voiture, un sompteux monument de marbre, fort remarquable au milieu des humbles croix de bois dont le sol était parsemé.

— Pauvre Lysandre ! — dit-il en levant les yeux au ciel. Mais la chaise de poste passa comme la foudre. Au bout de quelques minutes, elle s'arrêta devant une grande et belle auberge située au centre du village, à l'enseigne des *Trois Cigognes*. L'hôte et sa femme, petite mère rondelette qui portait sur ses bras un enfant encore au berceau, tandis que trois autres plus âgés la tiraillaient par son tablier, étaient accourus pour recevoir ces opulens voyageurs. Des oisifs, des curieux et grand nombre de marmots se pressaient déjà autour d'eux.

Ce fut au milieu de ce concours universel des habitans de Rosenthal que le colonel et Ravaud mirent pied à terre. L'hôte, gros homme rouge, au nez camard, et qui exhalait une forte odeur d'aigre, car il cumulait les fonctions de marchand de fromage avec celles d'aubergiste, ôta gauchement son bonnet, pendant que sa femme faisait une humble révérence. Au moment où les arrivans, pour se soustraire à cette curiosité importune, entraient dans la maison, Ravaud se trouva face à face avec la féconde hôtesse. A peine l'eut-il envisagée, qu'il pâlit, chancela, et s'écria d'un ton d'anxiété :

— De par tous les diables! c'est... ce ne peut être qu'une sœur ou une parente de ma chère Claudine Penhofer!

XI

L'AUBERGE.

Le colonel Verneuil ne remarqua pas l'émotion de son compagnon, car lui-même était fort agité, et il s'empressa de demander une chambre. L'aubergiste le conduisit à la chambre d'honneur, située au premier étage de l'hôtel, pendant que Ravaud se glissait furtivement vers une sombre pièce du rez-de-chaussée, où il venait de voir entrer la maîtresse du logis.

— Mon ami, — demanda Armand en se jetant dans un fauteuil, — êtes-vous établi dans ce village depuis longtemps?

— Depuis cinq ans environ; — répliqua l'hôte au nez camard en baragouinant le français; — oui, je me suis marié moins d'une année après le sanglant combat où Rosenthal fut presque abîmé par les Français....

— Vos amis les Allemands eurent bien quelque part à ce désastre, — répliqua le colonel avec un léger sourire; — mais, s'il en est ainsi, vous devez connaître les principaux habitans du pays?

— Tous, monsieur, — répliqua l'hôte en se rengorgeant; — tous, grands et petits, à plusieurs milles à la ronde. Les voyageurs les plus huppés viennent loger chez moi, et les gros bourgeois se réunissent souvent ici pour tâter de mes vins de France. De plus, je fais le commerce des fromages du pays, et je suis en relation d'affaires avec tous les propriétaires, les fermiers et même toutes les ménagères du voisinage.

— Alors vous connaissez nécessairement le comte de Rancey, ou du moins vous avez entendu parler de lui?

— Si je connais le comte de Rancey! Oui, oui, monsieur; un vieux et respectable seigneur qui habite à un quart d'heure de marche de Rosenthal, et qui est, dit-on, assez riche pour acheter tout le canton... Oui, je le connais, et non-seulement lui, mais encore le vicomte de Riancey son fils, et la vicomtesse sa belle-fille, et aussi le petit monsieur Charles, le plus aimable enfant du monde... C'est une belle famille, monsieur, et qui fait du bien autour d'elle. Le comte a traversé le village il y a deux jours, en revenant de France, même qu'il avait dans sa voiture une dame voilée dont la présence a fort intrigué les curieux du village.

— Il arrive de France, dites-vous? — reprit Verneuil surpris en songeant aux difficultés qu'il avait éprouvées à Paris pour découvrir son parent, qui se trouvait alors si près de lui. — Il ne réside donc pas habituellement parmi vous?

— Il y a sa demeure, monsieur; mais je dois convenir que lui et les personnes de sa famille se mettent assez souvent en voyage... Dame! écoutez donc, on dit que ce sont des émigrés, et ils sont enchantés d'aller, par inter-valles, respirer un peu d'air natal de l'autre côté des montagnes.

— Depuis combien de temps habitent-ils Rosenthal?

— Je ne saurais vous répondre au juste, monsieur; ils y étaient déjà quand j'entrai moi-même en ménage. Je me souviens seulement qu'on a fait des comptes assez absurdes sur la manière dont ils se sont établis ici; mais nos bonnes gens voient du merveilleux partout.

Le colonel ne jugea pas à propos de pousser l'aubergiste pour avoir un échantillon des fables populaires qui avaient cours au sujet de son parent. Il se leva brusquement :

— Il suffit, mon ami, — lui dit-il. — Maintenant pourriez-vous me fournir quelqu'un pour me conduire sur-le-champ à l'habitation du comte de Rancey?

— Rien de plus facile, monsieur; je vais prévenir Fritz, notre premier garçon; le temps de passer son habit des dimanches, et il sera à vos ordres.

— C'est bien, allez vite. — L'aubergiste s'éloignait déjà, après s'être incliné jusqu'à terre; Armand le rappela. — Un moment, — dit-il; — il est d'autres personnes à Rosenthal dont le sort m'intéresse, et dont je serais heureux d'avoir des nouvelles... Le vénérable pasteur Penhofer existe-t-il encore?

— Quoi! vous avez connu monsieur Penhofer? — demanda l'aubergiste d'un air étonné; — alors vous apprendrez avec chagrin que le pauvre vieillard est mort depuis trois ans.

— C'était un digne et excellent homme, — répliqua le colonel tristement, — et je n'oublierai jamais les services qu'il m'a rendus, les consolations qu'il m'a données dans des circonstances terribles... Mais sa fille, la jolie Claudine, qu'est-elle devenue?

— Quoi! vous avez aussi connu Claudine? — s'écria l'hôte en reculant d'un pas. — Comment cela se fait-il? Je n'avais jamais entendu parler...

— Qu'y a-t-il de surprenant en cela? — demanda le colonel, qui ne put s'empêcher de sourire de la mine effarée de son interlocuteur.

— Monsieur, — balbutia l'aubergiste, — vous ne savez donc pas que Claudine, la fille du pasteur... — En ce moment, un effroyable vacarme, parti du rez-de-chaussée de l'auberge, interrompit la conversation. C'était un mélange discordant de voix d'homme et de femme, de criailleries d'enfans, avec un cliquetis de casserolles et de chaudrons roulant sur les dalles. L'aubergiste prêta l'oreille avec inquiétude. — Que se passe-t-il donc en bas? — dit-il; — excusez-moi, monsieur, il faut que j'aille voir...

Mais, avant qu'il eût gagné la porte, le bruit retentit sur l'escalier même, et quelqu'un monta d'un pas précipité en jurant et en maugréant d'une façon formidable. Ravaud, tout débraillé, les yeux en feu, la bouche écumante, entra dans la chambre sans voir l'aubergiste, qui restait immobile et glacé d'effroi à l'écart.

— Ah! mon ami, quelle honte! quelle infamie! — s'écria Ravaud hors de lui; — ce n'était ni sa sœur ni sa parente; c'était elle-même, l'ingrate! la sotte! la perfide! Je ne voulais pas le croire d'abord, mais elle a tout avoué! Oh! pourquoi ne l'ai-je pas tuée après un pareil aveu!

— Mais de quoi s'agit-il, Ravaud? — demanda Verneuil; — d'où vient cette colère? de qui parlez-vous?

— Parbleu! je parle de Claudine, de Claudine Penhofer, de l'abominable Claudine!

— Qu'a donc fait cette pauvre fille pour mériter de semblables injures?

— Ce qu'elle a fait! ne le devinez-vous pas? elle s'est parjurée, elle ne m'a pas attendu... Peu de mois après mon départ, elle a donné ma place à un autre... Tout à l'heure elle a eu le front de me soutenir en face qu'elle ne m'avait rien promis; que nous ne nous étions pas compris dans notre dernière explication, attendu que je ne savais pas l'allemand et qu'elle savait fort mal le français; comme si je n'avais pas employé des argumens que l'esprit le plus obtus pouvait comprendre, la menteuse ! Enfin, Armand, elle a épousé un grand benêt, dont elle a déjà quatre enfans et un cinquième prêt à venir... Si ce n'est pas honteux !... Oui, mon ami, — continua Ravaud en s'attendrissant, — elle a réalisé mes plans de bonheur, mais avec un autre ; les enfans, les lapins, le fromage, tout y est... Aussi j'ai fait un carillon sur les meubles là-bas, et maintenant il faut que j'étrangle le butor qui m'a soufflé Claudine. Oui, triple tonnerre ! il faut que je l'extermine, que je l'écrase, que je le broie sous mes pieds...!

Le pauvre aubergiste se renfonçait dans son coin, n'osant souffler. Ravaud, en allant et venant avec une irritation extrême, aperçut enfin le malencontreux époux de Claudine. Il s'élança vers lui, le bras levé.

— Ravaud ! — s'écria Verneuil, — est-ce là la conduite d'un homme d'honneur, d'un militaire ?

L'influence puissante d'Armand sur le capitaine ne manqua pas son effet encore cette fois, Ravaud parvint à se modérer et baissa la main.

— C'est juste, colonel, — reprit-il ; — on sera sage ; vous allez voir... Comment vous appelez-vous ? — demanda-t-il à l'aubergiste.

— Sigismond Wolf, — répliqua le malheureux tout tremblant.

— Eh bien ! monsieur Sigismond Wolf, vous m'avez insulté, et vous me devez une réparation... Demain matin, je vous attendrai avec un ami derrière le mur du cimetière de Rosenthal ; je vous laisse le choix des armes.

Ces paroles furent prononcées d'un ton majestueux, qui annonçait, de la part de Ravaud le sentiment d'une grande magnanimité. L'aubergiste, un peu rassuré par cette apparence de modération, répondit d'un ton tragi-comique :

— Eh ! comment vous aurais-je insulté, monsieur ? Est-ce en épousant ma femme et en la rendant mère de beaucoup d'enfans ?

— Tais-toi, ne parle pas de cela, tonnerre et diable ! — s'écria l'officier un peu déconcerté par la naïveté de cette question.— Enfin vous m'avez entendu ? A demain matin.

— Je ne peux pas me battre : je suis père de famille.

— Raison de plus ; vous devez l'exemple du courage à vos enfans.

— Je suis bourgeois de Zurich ; j'invoquerai la protection des lois de la Confédération.

— Et moi, j'aurai l'honneur de casser les reins à monsieur le bourgeois de Zurich ; je jetterai par la fenêtre ce qui lui reste de meubles, et je mettrai le feu à sa bicoque.

— Oh ! pour le coup, c'est trop fort ! — s'écria Wolf poussé à bout. — Eh bien ! puisqu'il le faut, je me battrai... J'ai été vivandier dans les Suisses de l'ancienne garde royale, et l'on verra si je manque de courage, sapperment tarteifle !

Sans doute le poltron révolté espérait bien, en montrant tant d'assurance, trouver jusqu'au lendemain quelque expédient pour faire manquer la rencontre. Mais sa fanfaronnade eut un résultat inattendu. Claudine, qui était aux écoutes sur l'escalier, entra tout à coup, traînant par la main sa ribambelle de marmots qui piaillaient et pleuraient à rendre sourds tous les assistans. Elle vint se jeter aux pieds du colonel en s'écriant d'un ton lamentable :

— Ah ! mein herr Ferneuil, ayez bidié de nous... Saufez-nous de ce fou sanguinaire qui feut me rentre feufe et rentre mes bedits orvhelins... Sur ma voi de grétienne ! che ne lui ai rien bromis... Che ne saffais bas barler le vrançais comme auchourt'hui, gand il me fit ses belles brobositions, il y a zix ans. Che n'ai bas bu lui tire que che l'adentrais, buisque che ne l'aimais bas. Si c'eût été fous, che ne tis pas nón, barce que vous étiez pon, vous... Mais lui, je le troufais prusque et laid... Défendez-nous donc gontre ce méjant homme, qui feut duer mon baufre mari !

En même temps elle embrassait les mains du colonel, et les enfans continuaient leurs discordantes clameurs.

Armand était fort impatienté de cette scène, qui retardait l'exécution de ses projets. Cependant il releva Claudine avec bonté, et l'assura en souriant que, à sa considération, Ravaud ne pousserait pas les choses à une extrémité fâcheuse.

— Ne me demandez pas cela, Verneuil ! — s'écria son ami avec emportement ; — on verra si l'on se moquera impunément d'un vieux soldat de la république. J'aurai la vie de ce vilain marchand de fromage, ou il aura la mienne !

— Il feut duer mon pien-aimé Zichismond ! — s'écria madame Wolf en fondant en larmes.

— Il feut duer nodre baba ! — répétèrent les bambins en redoublant leurs cris.

Tout à coup le terrible Ravaud partit d'un grand éclat de rire. Sa fureur ne tint pas contre cette scène d'un pathétique si ridicule. Claudine, avec sa taille déformée, son costume peu coquet et ses traits fatigués, ne ressemblait plus à la belle et grande blonde, si fraîche et si leste, d'autrefois. Le reste de la famille, les enfans barbouillés et pleurards, le père avec sa figure ignoble, ses manières communes et sa lâcheté, étaient plus dignes d'exciter la moquerie que la colère.

— Parbleu ! — s'écria l'amant éconduit, — j'étais bien fou de me monter la tête ! Voilà donc ce que je serais devenu si j'étais entré en ménage... La jolie existence que j'eusse menée là, moi au uń des crânes de l'armée d'Italie ! pouah ! — Puis, se tournant vers Claudine : — Allons, ma chère, — reprit-il avec gravité, — le capitaine Ravaud ne fera ni des veuves ni des orphelins à l'auberge des Trois-Cigognes... Continuez à croître et à multiplier, vous avez ma permission pour cela... D'ailleurs les reproches sont inutiles ; en comparant votre mari à moi, vous devez être assez punie de votre précipitation.

Le brave capitaine lissa sa moustache et posa galamment le poing sur sa hanche, tandis que la femme et les enfans mangeaient de caresses le pauvre chef de famille, échappé à un danger si imminent.

Enfin Claudine se dégagea de ces embrassemens et s'approcha timidement du colonel.

— Merzi, mon pon mein herr Ferneuil, — reprit-elle d'un ton où perçait une ancienne tendresse, — fous êdes nodre saufeur... Sans fous, il serait beud-êdre arrivé ici de crans malheurs. Ah ! mon paufre bère et moi nous fous allions pien chucher, dès le bremier chour de fotre arrivée à Rosenthal, et, si fous afiez foulu...

— Excusez-moi, ma chère madame Wolf, — interrompit Armand, qui ne pouvait plus modérer son impatience ; — nous causerons bientôt plus à loisir de nos souvenirs de jeunesse ; nous parlerons de votre digne père, et vous me conterez l'histoire de votre mariage ; pour le moment, de graves intérêts exigent toute mon attention... Je vous avais demandé, monsieur, — continua-t-il en s'adressant à l'aubergiste à peine remis de sa dernière alerte, — un guide pour me conduire à l'habitation du comte de Rancey.

— Le gomde de Ranzey ! — répéta Claudine, — que ne le tisiez-fous, mon pon mein herr te Ferneuil ! L'indentant du gomde est en pas, tans la salle basse, addentant que fous puissiez le recefoir.

— Serait-il possible ? Et c'est moi qu'il demande ? Comment mon parent a-t-il pu connaître si tôt mon arrivée à Rosenthal ?... Mais faites monter cet homme, madame, faites-le monter sur-le-champ.

— C'est gue, — reprit Claudine en souriant finement, —cet intendant n'est peut-être pas dout à vait ingonnu de fous...

— Assez, Claudine, au nom de Dieu ! — interrompit le colonel ; — faites monter de suite l'intendant du comte de Rancey.

Ce ton sévère imposa à tout le monde. La famille Wolf se retira en silence. Ravaud lui-même fit quelques pas vers la porte d'un air honteux et contrit, comme s'il eût craint que son ami lui adressât des reproches sur son emportement. Mais le colonel n'y pensait déjà plus.

— Restez, Ravaud, — lui dit-il avec bienveillance, — rien ne vous oblige à me quitter; je n'ai pas de secret pour vous. — En ce moment un homme entra, conduit par Claudine, qui se retira aussitôt. A son air modeste, à ses traits placides, à son costume propre et soigné, Armand reconnut du premier coup d'œil monsieur Guillaume, le gardien du val Perdu, l'ami et le confident de Philémon. Il se leva brusquement et poussa un cri de surprise, pâlissant et rougissant tour à tour. Monsieur Guillaume, au contraire, s'avança vers lui d'un pas égal, s'inclina fort bas, et attendit en silence qu'on lui adressât la parole. Le colonel parvint enfin à dominer son émotion : — Vous! dit-il d'une voix altérée; — c'est vous qui êtes aujourd'hui l'intendant de monsieur de Rancey?

Guillaume fit un signe d'assentiment.

— Tiens! — s'écria étourdiment Ravaud, — c'est mon ancienne connaissance, le solitaire du val Perdu! Eh! eh! nous avons eu plus d'une prise de bec ensemble, à propos d'un certain capitaine qu'il avait escamoté et qu'il ne voulait pas rendre.

— J'espère, — dit Guillaume avec un sourire respectueux, — que monsieur le chevalier de Verneuil m'aura pardonné la manière un peu brutale dont j'ai été obligé d'user avec lui, la dernière fois que nous nous sommes vus?

— J'avais mérité ce traitement rigoureux, — répliqua le colonel, — et les malheurs épouvantables qui suivirent mon départ prouvèrent assez combien j'étais coupable... Mais, de grâce, monsieur Guillaume, — continua-t-il en se rapprochant de lui et en baissant la voix, — donnez-moi des nouvelles de ce pauvre vieillard dont j'ai si mal reconnu l'hospitalité? Existe-t-il encore? Estelle et Némorin, ses chers enfants, sont-ils près de lui pour adoucir les chagrins de ses derniers jours?

— Ils existent, monsieur. Mais, vous le savez peut-être, il est des chagrins qui défient toute consolation.

— Je le sais, Guillaume, je ne le sais que trop, — répliqua Armand d'un ton douloureux; — eh bien! si malheureuses que soient les victimes de mes imprudences passées, elles souffrent certainement moins que moi; elles n'éprouvent que des regrets, et moi je ressens des remords... des remords poignants, qui ne me laissent de repos ni le jour ni la nuit! — Il s'arrêta suffoqué par les sanglots; Guillaume leva les yeux au ciel. — Monsieur Guillaume, — reprit le colonel après une pause, — nous reviendrons sur ce sujet, qui touche aux sentiments les plus vivaces de mon cœur; mais je ne dois pas tarder davantage à m'informer de mon parent de Rancey; êtes-vous vraiment chargé de quelque message pour moi?

— En effet, monsieur le chevalier, ces cruels souvenirs m'avaient fait oublier pourquoi j'étais venu... Monsieur le comte et ses enfants, c'est-à-dire le vicomte et la vicomtesse de Rancey, ayant appris, par une lettre arrivée de Paris ce matin même, que votre honorable parent serait probablement aujourd'hui à Rosenthal, le prient de considérer leur maison comme la sienne pendant tout le temps qu'il jugera à propos de rester au pays; je suis chargé de l'inviter à m'accompagner sur-le-champ à l'habitation du comte, où il est attendu.

Armand réfléchit quelques secondes.

— C'est là, — reprit-il enfin, — une attention pleine de grâce à laquelle je ne saurais me refuser; ma famille ne m'a pas habitué à tant de courtoisie... Je vais donc vous accompagner, monsieur Guillaume; mais je ne suis pas seul ici, et sans doute l'invitation de monsieur de Rancey ne concerne que moi.

— Il est vrai, l'habitation du comte est si étroite...

— Je me contenterai donc d'amener mon valet de chambre, qui portera mes effets. Excusez-moi, Ravaud, — continua-t-il en s'adressant au capitaine; — vous voyez

dans quel embarras je me trouve. Vous resterez ici ; mais j'entends que vous vous traitiez le mieux possible.

— Ne vous inquiétez pas de moi, mon cher Armand, — répliqua le capitaine. — Franchement, je ne suis pas fait pour frayer avec des comtes et des vicomtes; je me trouverais fort mal à l'aise en pareille compagnie... Au bout d'une demi-heure, les jurons qui me viennent sans cesse à la bouche, et qu'il faudrait ravaler, m'auraient infailliblement étranglé.

— Alors tout est pour le mieux. Mais pas de nouvelle querelle avec les maîtres de cette auberge, Ravaud ; vous m'entendez?... Pas de nouveau scandale; je vous demande ceci au nom de notre vieille amitié.

— Bon! bon! Verneuil, ne craignez rien de pareil. Je vous promets d'être, dès ce soir, dans les meilleurs termes avec toute la famille Wolf, y compris le mari et le dernier marmot... Ah çà! — continua-t-il gaiement en baissant la voix, — il me semble que l'affaire ne s'engage pas trop mal pour vous. Voilà déjà votre vieux noble qui s'humanise, et le mariage est en bon train... A la bonne heure donc! Quoique je n'épouse pas, je ne veux pas en dégoûter les autres!

Il soupira, comme s'il allait avoir une rechute, puis il serra la main du colonel, et tandis que celui-ci sortait avec monsieur Guillaume, on l'entendit demander gaillardement, du haut de l'escalier, une pipe et une bouteille de vin du Rhin.

<h2 style="text-align:center">XII</h2>

<h3 style="text-align:center">RÉVÉLATIONS.</h3>

Armand de Verneuil et son guide suivirent la grande rue du village, dans la direction des hauteurs où, six ans auparavant, la 62e avait battu si glorieusement une division ennemie. Quand on eut dépassé les dernières maisons, Guillaume indiqua de la main une route large et commode, qui s'enfonçait au milieu des rochers; Verneuil le regarda d'un air presque épouvanté.

— Mais c'est le chemin du val Perdu, — dit-il.

— C'est vrai, — répliqua doucement Guillaume.

Et il continua d'avancer.

La route, élargie et parfaitement entretenue, semblait fréquentée par des voitures; les ronces et les pierres qui l'encombraient autrefois avaient disparu. On eût dit l'avenue d'un château seigneurial ou même d'une opulente bourgade. Armand, tout effaré, tournait la tête à droite et à gauche avec anxiété.

— Où me conduisez-vous donc? — balbutia-t-il enfin?

— Je pensais que monsieur le chevalier l'avait deviné, — répliqua Guillaume; — nous allons au val Perdu.

— Chez Philémon?

— Chez monsieur de Rancey.

— Quoi! monsieur de Rancey demeure-t-il...

Guillaume sourit mystérieusement.

— Monsieur le chevalier, — reprit-il, — je puis avouer maintenant ce qu'il m'était défendu de vous révéler devant des témoins... Le personnage que vous connaissez sous le nom de Philémon n'est autre que votre parent, le comte de Rancey.

Armand pâlit.

— Serait-il vrai? — murmura-t-il; — comment ce secret aurait-il été si bien gardé? comment mon parent se serait-il caché de moi, dont il avait comblé l'enfance de bienfaits?

— Souvenez-vous, — dit Guillaume, — dans quelles circonstances vous fûtes admis au val Perdu... ce fut seulement quand vous eûtes prononcé votre nom devant moi que je me décidai à vous sauver en vous introduisant dans la retraite de Philémon. Je ne vous le cache pas, je reçus d'abord des reproches sévères; votre parent vous affectionnait véritablement, mais il connaissait de longue main votre légèreté; il tremblait que vous ne jetassiez du trouble parmi ces enfans innocens, élevés dans la haine du monde et dans l'ignorance de la société... Vous n'avez que trop justifié ses craintes; votre séjour au val Perdu a été la ruine de ses espérances et la cause des plus terribles catastrophes.

— C'est vrai, mon Dieu; c'est vrai! Ainsi donc, cet infortuné Lysandre, dont j'ai recueilli le dernier soupir, était...

— Votre cousin au second degré, monsieur le chevalier; et, si vous vous approchiez de ce tombeau de marbre que nous voyons d'ici, dans le cimetière de Rosenthal, vous pourriez lire pour épitaphe : *Ci-gît Charles-Antoine, vicomte de Rancey.*

— Et... et... cette malheureuse jeune fille, — balbutia Armand avec effort, — cette belle et touchante Galatée?

— C'était la pupille du comte de Rancey, — répliqua Guillaume laconiquement.

Ils firent encore quelques pas en silence; tout à coup Verneuil s'arrêta.

— Je n'irai pas plus loin, — dit-il avec résolution en s'essuyant les yeux ; — je manquerais de courage pour affronter les reproches de ce malheureux père... Retournez près de lui, mon cher Guillaume; dites-lui que, pénétré du sentiment de mes fautes, j'ai compris combien ma présence pourrait lui être pénible... Je vais descendre à Rosenthal et reprendre sans retard la route de France.

— Y songez-vous, monsieur le chevalier? et la mission que vous êtes venu remplir ici sur l'ordre de l'empereur?

— Quoi! connaît-on aussi cette circonstance au val Perdu? — demanda le colonel au comble de l'étonnement.

— Monsieur le comte est bien servi par ses agens de France, — répliqua l'intendant avec quelque embarras; — d'ailleurs lui-même est arrivé récemment de Paris, et il a pu entendre dire...

— Enfin peu importe comment cette nouvelle est parvenue jusqu'à lui... Toujours est-il qu'aucune considération d'intérêt personnel ne me décidera à tenter une démarche qui serait presque une insulte pour mon parent, même la crainte de déplaire au plus puissant souverain du monde... Non, — continua-t-il avec égarement, — je ne reverrai ces lieux jadis si paisibles où j'ai porté le deuil; je craindrais que les rochers du val Perdu ne croulassent sur ma tête.

Guillaume conservait son attitude modeste et sereine.

— Monsieur le chevalier, — reprit-il humblement, — s'exagère ses propres torts, ou tout au moins il se trompe sur les dispositions du comte de Rancey à son égard. Si, en effet, mon maître avait contre vous la colère que vous lui supposez, vous eût-il prié par ma bouche d'accepter dans sa maison une cordiale hospitalité?

— Vous avez raison, Guillaume; et pourtant monsieur de Rancey me reproche certainement, au fond du cœur, d'avoir été cause de la mort de son fils aîné?

— Il ne saurait être injuste à ce point, car il sait aujourd'hui que ce malheureux jeune homme était allé lui-même au-devant de sa destinée. Ce n'était pas vous qui aviez donné à Lysandre ces fatales connaissances qui avaient exalté sa jeune imagination ; ce n'était pas vous qui aviez tracé dans des rocs réputés inaccessibles ce sentier inconnu par lequel il s'est échappé... Le comte a bien réfléchi à ces funestes circonstances; il en a conclu que, sans vous, son fils n'eût pas moins couru tôt ou tard à sa perte. D'ailleurs les événemens du combat qui a eu lieu sur le terrain où nous sommes; on sait comment vous emportâtes, au milieu d'une épouvantable mêlée, le pauvre Lysandre blessé et mourant... La dernière main qu'il a pressée a été la vôtre, la première larme répandue sur lui est tombée de vos yeux !

Guillaume lui-même, en rappelant ces tristes souvenirs, était vivement ému.

— Je n'ai fait que mon devoir envers ce généreux enfant, — répliqua Verneuil d'un ton sombre; — je n'ai fait que lui rendre dévouement pour dévouement... Ah ! si j'avais pu donner ma vie en échange de la sienne, de quel lourd fardeau je serais délivré aujourd'hui !... Mais si le comte sait vraiment combien j'ai été impuissant à empêcher la rébellion de son fils, mes torts envers Galatée doivent lui paraître tout à fait inexcusables?

— En effet, monsieur le chevalier, votre conduite cette fois a été cruelle et odieuse... Tromper une naïve créature, qui n'était pas en garde contre vos séductions mondaines, c'était mal, bien mal !... Cependant il est à considérer que votre abandon ne fut pas volontaire, que toutes vos propositions de réparation avaient été rejetées, et qu'enfin un excès de sévérité poussa seul la pauvre petite à d'affreuses extrémités...

Le colonel prit à la fois dans les siennes les deux mains de l'intendant et les serra avec transport.

— Monsieur Guillaume, — dit-il, — vous êtes un digne homme; vous êtes moins sévère pour moi que ma propre conscience ; votre indulgence adoucit sans les éteindre mes remords secrets... Ah ! si je pouvais croire que Philémon, je veux dire mon parent monsieur de Rancey, me juge de même !...

— Comme j'ai déjà eu l'honneur de l'assurer à monsieur le chevalier, ce sont là exactement les sentimens du comte. En dépit de son humeur morose et bizarre, il est plein de bonté; et, s'il faut l'avouer, je soupçonne qu'il s'accuse lui même d'avoir été la cause première du malheur de ces deux pauvres enfans, en les séquestrant du monde, en leur interdisant des prérogatives qui sont comme de droit naturel.

— S'il en est ainsi, — reprit le colonel après une pause, — je n'hésiterai pas davantage à accepter l'invitation de monsieur de Rancey à tenter d'effacer l'impression défavorable qu'il a conservée de moi... Il ne peut plus être question, — ajouta-t-il comme à lui-même, — des projets qui m'ont rappelé dans ce pays : une proposition que je pouvais adresser convenablement à tout autre parent serait une insulte pour Philémon, le père de Lysandre, le tuteur de Galatée... Mais partons ; dût mon cœur se briser à l'aspect de ces lieux où m'attendent tant de souvenirs douloureux, je ne puis refuser de voir ce vieillard infortuné. Ils se mirent en marche de nouveau. Bientôt le colonel se tourna vers son guide et dit d'un air pensif :

— Loin de moi, monsieur Guillaume, la pensée de surprendre les secrets de monsieur de Rancey; néanmoins, au moment de revoir une personne connue de moi sous de si étranges rapports, la curiosité est bien légitime. Si donc votre fidélité envers votre maître ne vous interdisait pas de me donner sur son caractère et sur les événemens de sa vie quelques détails sommaires... -

— Les raisons que j'avais autrefois de me taire n'existent pas aujourd'hui, — répliqua Guillaume; — monsieur le comte ne craint plus que l'on cherche à traverser des plans auxquels il a renoncé pour sa famille et pour lui; je puis donc vous fournir, sur le val Perdu et sur ses habitans, les éclaircissemens que vous désirez, sauf toutefois...

Guillaume s'interrompit et se mordit les lèvres.

— Eh bien? — demanda le colonel.

— Sauf certaines choses qui n'auraient aucun intérêt pour vous, — répliqua Guillaume en saluant. Il reprit :

— Parmi le petit nombre de personnes qui ont vu de près le comte de Rancey, il en est qui, s'arrêtant à la surface, sont allées jusqu'à taxer mon noble maître de folie; ce n'est pourtant en réalité qu'un esprit fier, aventureux, dont l'ardente imagination excède toujours les limites du possible; qui, en haine des abus, dédaigne les routes ordinaires et aspire incessamment vers l'inconnu. Sa jeunesse s'est passée à Paris, au milieu de ce chaos d'idées philosophiques, de théories, de systèmes qui ont agité la nation française durant les cinquante dernières années. Passionné pour la vérité, jaloux de secouer, un des premiers, les préjugés et les erreurs de l'ancienne société, il étudia consciencieusement les opinions que des penseurs, si opposés quand il s'agissait de créer, si unis quand il s'agissait de détruire, émettaient en foule à cette époque. Après les avoir adoptées tour à tour, il les avait repoussées sans s'arrêter à aucune. Après s'être passionné un moment pour quelque brillante théorie dont l'auteur l'avait séduit par la magie de son style ou de sa parole, il était toujours retombé dans son doute, en s'apercevant combien ces systèmes artificiels s'accommodaient peu à la diversité individuelle et à la condition humaine.

» A cette époque de sa vie il devint sombre, misanthrope, et des chagrins personnels ne contribuèrent pas peu à augmenter cette disposition d'esprit. Sa femme, qu'il aimait à l'adoration, venait de mourir à la fleur de l'âge, en le laissant père de deux enfans, et la famille de la défunte lui avait intenté un procès injuste pour quelques vaines formalités de contrat. Le comte gagna son procès ; mais les tracasseries et les chagrins que lui avait causés cette affaire aigrirent encore son humeur ; il se renfermait chez lui, refusant de voir le monde, à peine accessible à ses propres enfans. Bref, dix ou douze ans environ avant la révolution, le comte de Rancey était dans cette triste impasse de l'hypocondrie à l'extrémité de laquelle on ne trouve que le suicide ou un couvent de chartreux.

» Tout à coup il se fit un revirement dans l'esprit de mon malheureux maître. Jean-Jacques Rousseau venait de formuler dans d'immortelles pages cette grande pensée, contestable peut-être, que le mal était l'ouvrage de l'homme et le bien l'ouvrage de Dieu ; que l'homme souffrait uniquement parce qu'il était sorti de la voie tracée par le Créateur, pour obéir à des besoins factices ; qu'en se rapprochant de la nature, il trouverait le salut. Monsieur de Rancey se réveilla de sa torpeur à ce manifeste, où il croyait voir apparaître une vérité éternelle. Comme tant d'autres, il se passionna pour ce *naturalisme*, qui promettait à l'humanité un nouvel âge d'or. Il partagea sincèrement cette fièvre de poésie pastorale qui s'était emparée de toutes les classes de la société, depuis l'infortunée Marie-Antoinette, dans sa bergerie de Trianon, jusqu'au plus humble gentilhomme dans son petit manoir campagnard. On ne rêvait alors que mœurs douces, paisible existence employée, dans la solitude, à cultiver un champ et à garder les brebis. Un auteur gracieux et facile, monsieur le chevalier de Florian, avait donné une forme ingénieuse à ces attrayantes chimères ; ou s'attendrissait aux malheurs de ses bergères, à la constance de ses bergers. On relisait avec charme les descriptions de la Provence et de la Suisse, on soupirait après le bonheur champêtre qu'il savait si bien peindre. Monsieur de Rancey exagéra encore la fervente admiration de la haute société pour de pareilles idées ; Jean-Jacques et monsieur le chevalier de Florian devinrent ses lectures favorites. Ces deux élémens de poésie frivole et de philosophisme hardi se combinèrent dans son esprit et se complétèrent l'un par l'autre. Mais tandis que tant de personnes, en France, se contentaient de vanter la vie pastorale sans quitter leurs salons dorés, et ne gardaient les troupeaux que dans les madrigaux et les idylles, lui, toujours extrême, songeait sérieusement à appliquer les séduisantes utopies du philosophe et du poëte ; il songeait à créer une petite Arcadie à l'image de celle dont les livres lui avaient conté des merveilles. — Le colonel de Verneuil ne pouvait dissimuler son étonnement en écoutant Guillaume ; il ne comprenait pas comment cet homme, qu'il avait regardé jusque-là comme un simple domestique, était capable de lui exposer en termes éhoisis la vie morale de monsieur de Rancey, et d'apprécier de si haut le milieu philosophique dont son parent avait subi l'influence. Guillaume devina sa pensée : — Que monsieur le chevalier, — reprit-il en souriant, — ne soit pas surpris de m'entendre m'exprimer avec quelque assurance sur ces sortes de matières... Grâce aux bienfaits du père de monsieur le comte, j'ai reçu de l'éducation et ma jeunesse a été studieuse. J'étais secrétaire de mon-

sieur de Rancey avant de devenir son intendant. D'ailleurs, j'ai entendu si souvent mon maître lui-même exposer comment il s'était décidé à fuir le monde et à s'ensevelir dans un désert, qu'il ne m'est pas difficile de reproduire ses impressions avec exactitude... Je poursuis.

» Son plan une fois conçu, monsieur le comte ne tarda pas à le mettre à exécution. Nous partîmes pour la Suisse, et le hasard nous conduisit au val Perdu, qui n'était pas alors inabordable comme il le devint depuis. Ce charmant vallon lui parut parfaitement approprié à l'usage auquel il le destinait. Il en fit l'acquisition sous mon nom, puis il retourna en France afin de mettre ordre à ses affaires, et il me laissa ici avec les instructions les plus détaillées pour exécuter les travaux d'embellissement.

» Ils commencèrent aussitôt, et comme l'argent ne manquait pas, en très peu de temps j'eus créé au val Perdu toutes ces merveilles que vous avez tant admirées. Mais, d'après les recommandations expresses du comte, j'avais dû prendre les plus grandes précautions pour ne pas attirer l'attention des gens du pays sur notre œuvre. Les ouvriers que j'employais venaient de fort loin et ne devaient avoir aucune relation avec les habitans du village voisin ; les matériaux, que l'on ne pouvait se procurer sur les lieux, arrivaient de nuit ; moi-même je rôdais sans cesse autour des travailleurs, pour en écarter les curieux et donner le change à quelques observateurs opiniâtres. De la sorte tout s'exécuta rapidement et sans éclat, comme l'avait désiré monsieur de Rancey, et la plupart des habitans de Rosenthal n'eurent aucune connaissance de ce qui venait de s'accomplir si près d'eux.

» Mais ce n'était pas assez encore pour rassurer l'inquiète prévoyance de mon maître ; il voulait mettre entre le monde et lui une barrière infranchissable. A l'entrée du défilé, qui donnait seul accès au val Perdu, surplombaient d'énormes roches isolées. Les travaux intérieurs étant finis, ces roches furent secrètement minées, de manière à rendre leur chute imminente ; puis de grands pieux de bois sec furent enfoncés dans la partie où elles adhéraient au flanc de la montagne, comme cela se pratique pour les blocs de grès qui servent à faire des meules de moulins. Au premier orage, les coins de bois, gonflés par la pluie, détachèrent les rochers qui croulèrent avec un épouvantable fracas. Le défilé fut entièrement obstrué, et il ne resta plus d'autre entrée au val Perdu que l'entrée secrète qui vous est connue. On fut persuadé à Rosenthal que la vallée entière avait été abîmée pendant cette terrible tourmente, envoyée par le ciel pour servir nos plans, et, comme vous pouvez le penser, je n'ai jamais contredit cette opinion.

Ces mesures prises, j'écrivis à mon maître que tout était prêt pour le recevoir. Le comte, de son côté, avait bien employé le temps ; il avait réalisé la plupart de ses immenses propriétés, et il avait placé les fonds en provenant sous mon nom et sous celui de mon frère Victorin, qui lui étions dévoués jusqu'à la mort. Quant à celles qui n'avaient pu être vendues, il nous les avait cédées par acte authentique, et les fermiers devaient, chaque année, nous en adresser les revenus comme aux véritables propriétaires. Ces précautions eurent le plus heureux résultat plus tard, quand éclata la révolution ; alors que tant de fortunes territoriales passaient, à titre de biens d'émigrés, entre les mains de la nation, monsieur de Rancey perdait seulement des sommes modiques ou des arrérages insignifians. Pendant bien des années, j'ai été dépositaire sans contrôle de ces importans intérêts, et, aujourd'hui encore, je gère les biens du comte avec un zèle dont ses héritiers ne se plaindront pas. — Ici le bon Guillaume prit lentement une prise de tabac dans sa boîte de corne ; et, après avoir jeté un regard oblique sur le colonel en souriant, il continua : — Ce fut par une nuit obscure que le comte de Rancey arriva à mon petit chalet, situé, comme vous savez, hors de l'enceinte du val Perdu. Outre ses deux garçons, dont le plus âgé avait six ans à peine, il amenait avec lui ses deux pupilles, pauvres petites orphelines que la tendresse de leur mère mourante lui avait confiées ; vous les avez connues l'une et l'autre sous le nom d'Estelle et de Galatée. Il était seul avec ces quatre enfans dans une voiture soigneusement fermée, et mon frère Victorin conduisait lui-même les chevaux depuis Zurich, afin de ne mettre aucun domestique dans la confidence. Nous transportâmes les enfans endormis à l'habitation du val Perdu, puis Victorin ramena la voiture à la ville, sans que personne dans les pays environnans eût remarqué l'arrivée de ces voisins mystérieux. De la sorte, le secret de mon maître fut bien gardé, et il n'était pas à craindre qu'aucun importun vînt troubler son honneur dans la retraite charmante où il allait le cacher.

Je n'entrerai pas dans le récit de l'éducation que monsieur le comte donna à ces jeunes enfans, et des idées qu'il chercha à leur inculquer. Je dus m'incliner devant ses lumières supérieures et sa volonté toute-puissante. Vous avez vu le résultat de cet étrange système... Je vous dirai seulement, pour ce qui vous concerne, qu'en votre qualité de pupille du comte de Rancey, on eut aussi un moment la pensée de vous donner place dans la jeune colonie du val Perdu. Mais vous étiez d'un âge trop avancé pour oublier le monde, comme les autres enfans. D'ailleurs, élevé dans une école militaire, vous passiez pour avoir un caractère vif, résolu, parfois indocile. Ces considérations décidèrent mon maître à vous laisser à l'écart, et l'expérience a prouvé que cette exclusion était sage. Pendant que monsieur Guillaume parlait, on était arrivé à la muraille de rochers qui entourait le val Perdu ; mais à la place des masses abruptes qui coupaient le chemin autrefois, on voyait une large grille de fer, à lances dorées, dont la porte ouverte laissait libre passage à tous venans. Derrière cette grille, à l'extrémité d'une longue avenue de jeunes arbres, s'élevait la maison occupée par Philémon et sa famille. — Comme vous le voyez, monsieur le chevalier, — reprit Guillaume avec sa placidité habituelle, — les choses sont bien changées ici ; aujourd'hui les enfans du village viennent jouer jusque dans cette enceinte autrefois impénétrable... Mais vous trouverez bientôt des changemens plus étonnans encore. Ce n'est plus Philémon, avec son charmant essaim de bergers et de bergères, qui habite le val Perdu, c'est le noble comte de Rancey et sa famille. — Ils avaient franchi la grille et s'engageaient déjà dans l'avenue, quand Verneuil aperçut à quelque distance un groupe de personnes qui s'avançaient de son côté. Un vieillard à la contenance majestueuse, entièrement vêtu de noir, s'appuyait d'un côté sur un jonc à pomme d'or, de l'autre sur le bras d'une dame vive et rieuse, mise à la dernière mode de Paris. Derrière eux marchait un jeune homme, de tournure élégante, conduisant par la main un charmant enfant d'environ cinq ans, aux cheveux longs et bouclés. — Les voici qui viennent au-devant de vous, — murmura Guillaume précipitamment ; — eh bien ! monsieur le chevalier, pendant que nous sommes seuls encore, permettez-moi de vous donner un avis : ne vous étonnez de rien, quoi qu'il arrive, et restez fidèle au culte de vos souvenirs... vous n'en aurez pas de regret.

Le colonel n'eut pas le temps de réfléchir sur cet avertissement énigmatique. Le jeune homme élégant dont nous avons parlé et dans lequel, malgré la différence du costume, Verneuil avait déjà reconnu Némorin, s'élança vers lui et l'embrassa avec effusion, tandis que le petit garçon, se haussant sur ses pieds, saisissait la main du voyageur, la collait contre ses lèvres roses, et disait avec gentillesse :

— Soyez le bienvenu, mon bon ami ; nous vous aimerons de tout notre cœur.

Armand rendit avec chaleur ces affectueuses caresses ; puis il s'avança, entre le jeune homme et l'enfant, au-devant du comte de Rancey, que la lenteur de sa marche avait retenu un peu en arrière. Estelle, car on a sans doute deviné quelle était la conductrice du vieillard, lui souriait

amicalement ; monsieur de Rancey le salua d'un air de réserve et de tristesse.

— Monsieur le comte, mon généreux parent, — dit le colonel d'une voix altérée en s'inclinant profondément, — ce n'est qu'en tremblant que j'ose revenir dans une maison où mon passage a été marqué autrefois par de grands malheurs... M'est-il permis d'espérer que la part que j'ai prise à ces funestes événemens n'y excitera désormais contre moi ni haine ni colère ?

— Vous n'avez rien à craindre de pareil, colonel de Verneuil, — répliqua monsieur de Rancey avec émotion ; — pour entretenir contre vous ces sentimens de haine et de colère, il faudrait se souvenir des torts d'un vieillard imprudent, dont l'opiniâtreté fut la cause première de ces catastrophes... Déplorons donc les fautes passées, versons des larmes sur ceux qui ne sont plus, mais ne récriminons contre personne.

— Cette tâche me sera facile ici, — dit Armand en jetant un regard douloureux autour de lui ; — ah ! monsieur le comte, un ennemi mortel ne pourrait m'adresser de plus amers reproches que moi-même à l'aspect de cette vallée !

Ces regrets si vifs et si vrais achevèrent de faire évanouir la réserve un peu hostile de monsieur de Rancey. Il tendit à son tour la main au colonel, et murmura en fixant sur lui son regard perçant :

— Vous pensez donc encore à celle que vous avez perdue ?

— Elle est toujours présente à mon esprit, — répliqua Armand en détournant la tête pour cacher l'excès de sa faiblesse.

Le vieillard garda le silence pendant une minute environ, comme pour lui laisser le temps de se remettre. Enfin il reprit d'un ton d'urbanité parfaite :

— C'est assez nous occuper de ces pénibles souvenirs ; je ne dois pas oublier, mon cher parent, que vous venez de faire un long voyage et que vous devez avoir besoin de repos... Marchons donc, et si votre réception dans ma modeste maison est moins joyeuse qu'au temps où deux bons et gracieux enfans l'embellissaient encore, l'accueil n'en sera pas moins cordial de ma part et de la part des enfans qui me restent.

En même temps il passa son bras sous celui du colonel, et on prit à pas lents le chemin de l'habitation.

Il semblait que les assistans eussent redouté l'effet de cette première entrevue. Jusqu'à ce moment Estelle et Némorin, ou plutôt le vicomte et la vicomtesse de Rancey, avaient manifesté une sorte d'inquiétude, comme s'ils eussent craint de voir éclater brusquement un dissentiment entre les deux interlocuteurs. Guillaume lui-même avait attendu avec anxiété le résultat de cet entretien. Les démonstrations amicales qui le terminèrent rassurèrent tout le monde, et on respira plus librement. Les deux jeunes époux se rapprochèrent de leur père, et la conversation, devenant générale, s'établit sur un ton de confiance et de douce familiarité.

Le soleil s'était couché, et la campagne prenait les teintes foncées du crépuscule. Cependant il restait encore assez de jour pour qu'Armand pût reconnaître, à droite et à gauche de la nouvelle avenue, les sites enchanteurs qu'il avait tant admirés six ans auparavant. Il entrevoyait en passant des statues, des jets d'eau, des massifs d'arbres exotiques dont le souvenir était gravé dans sa mémoire. Une fois il aperçut, à travers un rideau de saules, un coin de ce lac si beau et si funeste où s'était précipitée la pauvre Galatée ; son cœur battit avec violence, la voix lui manqua tout à coup. Mais on s'efforça aussitôt d'effacer cette première impression en détournant son attention. Estelle, qui avait conservé son humeur vive et mutine d'autrefois, l'accablait de questions sur Paris et la cour impériale ; le vicomte lui parlait des joyeuses parties de pêche et de chasse auxquelles il voulait le faire assister. Le vieillard seul était retombé dans une taciturnité qui semblait lui être habituelle depuis ses malheurs.

On atteignit enfin la maison, et bientôt le colonel fut introduit dans cette salle à manger où se réunissait autrefois la famille de Philémon. Un souper, qui ne rappelait plus en rien la table frugale des patriarches, l'y attendait. Mais, malgré les instances polies de ses hôtes, il lui fut impossible de faire honneur à ces mets choisis, servis dans des plats de vermeil par des laquais aux riches livrées. En face de lui était une place vide, et à cette place il se représentait la belle et mélancolique image de Galatée... Alors sa respiration devenait pénible, ses yeux se gonflaient de larmes, et c'était à peine s'il pouvait répondre par monosyllabes aux caresses de ses hôtes.

Le vicomte et la vicomtesse, reconnaissant l'inutilité de leurs efforts, cessèrent bientôt de chercher à l'égayer. D'ailleurs, en dépit de leur innocent bavardage, ils paraissaient, l'un et l'autre, éprouver une gêne secrète qui nuisait à la franchise de leurs allures. Fréquemment, en parlant, ils regardaient leur père, afin sans doute de s'assurer s'ils obtenaient son approbation. Verneuil était trop absorbé pour remarquer ces détails; mais il en résultait une sorte de malaise général qui aggravait encore ses douloureuses préoccupations.

Aussi, à l'issue du souper, s'informa-t-il si son valet de chambre était venu du Rosenthal avec ses bagages; et, sur la réponse affirmative, il demanda la permission de se retirer; monsieur de Rancey se leva.

— Je vous ai fait préparer la chambre que vous connaissez déjà, colonel, — dit-il avec une gaieté affectée, en prenant lui-même un bougeoir des mains d'un domestique; — mais, en raison de la manière un peu fâcheuse dont nous quittâmes autrefois cette chambre, je prétends vous y conduire moi-même... Ce sera une réparation, si vous voulez. — Armand s'inclina, et, après avoir pris congé du vicomte et de la vicomtesse, il suivit le vieillard en silence. La chambre était absolument telle qu'il l'avait laissée: mêmes meubles, même simplicité propre et scrupuleuse. — Mon cher chevalier, — reprit le comte en s'asseyant à côté d'Armand qui s'était jeté avec accablement dans un fauteuil, — je ne veux pas vous retenir longtemps, lorsque vous paraissez avoir si grand besoin d'être seul. Je dois dire pourtant dès à-présent, afin de tranquilliser votre esprit, que je connais le but de votre voyage, et que je suis tout disposé à combler vos vœux en me conformant aux ordres de l'empereur.

Verneuil tressaillit.

— Quoi! — s'écria-t-il, — vous savez... mais c'est juste, c'est juste, — reprit-il aussitôt avec un sourire forcé; — je ne peux m'habituer à cette idée que ce qui est un grand secret à Paris soit déjà connu au val Perdu... Eh bien! monsieur le comte, connaissant votre amour pour la solitude et votre horreur pour le monde, cette complaisance de votre part m'étonne, je l'avoue. Sans doute vous ignorez l'étendue du sacrifice que j'avais d'abord l'intention de réclamer de mon tuteur... Mais depuis que j'ai retrouvé Philémon dans le comte de Rancey, je ne veux plus songer aux misérables intérêts personnels qui m'ont ramené ici.

— J'y songerai donc pour vous, colonel, et si vraiment le vieux et illustre nom dont je suis l'humble dépositaire peut jeter quelque éclat sur votre union, je vous accompagnerai à Paris, je me montrerai à la cour impériale avec mon fils et ma fille. L'héritière de l'ancienne maison de Sancy est un excellent parti; j'ai connu sa famille, et je suis fier pour vous d'une pareille alliance. D'ailleurs la jeune fille, dit-on, est charmante, et peut-être l'aimez-vous déjà....

Armand secoua la tête.

— Je ne l'ai jamais vue, — murmura-t-il.

— Mais du moins vous savez qu'elle est riche et que la faveur de l'empereur sera le prix de votre soumission... Il n'est pas sage de regretter éternellement ses affections de jeunesse, et une femme pourvue d'autant d'avantages que mademoiselle de Sancy devra compenser aisément...

— Ah! monsieur, — interrompit Armand avec un éclat de douleur, — comment pouvez-vous me parler de mon union avec une autre femme, ici, dans cette maison qui est toute pleine de Galatée!

Et il se cacha le visage dans ses deux mains. Le comte l'observait d'un air inquisiteur.

— C'est juste, — dit-il enfin en se préparant à sortir, — il faut que les premiers momens se passent; mais vous serez déjà plus calme demain matin. Adieu donc, mon cher Verneuil; nous reprendrons cette conversation; en attendant, ayez courage; tout ira bien.

Il embrassa Armand et se retira.

Un moment après le valet de chambre vint offrir ses services, mais Verneuil le congédia définitivement et put s'abonner sans contrainte à ses réflexions.

La plus grande confusion régnait dans ses idées. Les révélations s'étaient succédé si vite depuis son arrivée, il avait été emporté si brusquement par les événemens, qu'il n'avait pas eu le loisir de se rendre compte de ses impressions. Aussi ne pouvait-il croire encore qu'il fût réellement au val Perdu, que Philémon fût le comte de Rancey, son parent, protecteur de son enfance; il ne pouvait reconnaître dans le jeune homme élégant et la jeune femme frivole parlant sans cesse de modes et de plaisirs le berger et la bergère qu'il avait vus si simples et si naïfs au temps de Galatée. L'aspect même de cette chambrette, où il avait songé tant de fois à ses fraîches amours avec la charmante pupille de Philémon, le mettait hors de lui. Par momens ses traits s'illuminaient de bonheur, ses lèvres souriaient avec délices en la contemplant, puis son visage s'assombrissait tout à coup, et des sanglots s'échappaient de nouveau de sa poitrine oppressée.

Il passa ainsi plusieurs heures, qui lui semblèrent aussi courtes que des minutes. Cette agitation de l'âme s'était communiquée à l'organisation; son sang était en ébullition, son front brûlait. Il s'approcha de la fenêtre pour respirer un peu d'air frais.

Cette fenêtre, encore encadrée de branches de vigne, était celle où il s'accoudait jadis en attendant l'heure d'aller joindre Galatée au jardin. Il retrouvait les espaliers qui lui servaient autrefois d'échelons pour sortir et rentrer pendant la nuit. Aucune modification importante n'avait été faite autour de la maison. Le jardin était toujours là, avec ses plates-bandes remplies de fleurs, avec ses boulingrins bordés d'orangers et de lauriers roses dans leurs caisses vertes. La lune, qui se levait en ce moment, éclairait d'un reflet pâle les vitraux de la serre. Partout régnait le calme le plus profond.

Peu à peu Armand se crut revenu à l'une de ces veilles délicieuses où, caché derrière le rideau de mousseline, sans lumière, il palpitait d'impatience, il guettait furtivement sa chère Galatée. C'était même calme dans l'air, même sérénité dans le ciel, mêmes émanations suaves de la campagne. Son imagination supprimait le temps et les événemens passés. Armand n'avait pas quitté le val Perdu depuis six ans; Galatée vivait; elle était encore brillante de fraîcheur et de jeunesse; elle céderait aux instances de son amant; elle allait se glisser tremblante, à pas timides, retournant la tête au moindre bruit, vers le grand oranger. L'œil fixé sur cet arbre prédestiné, Verneuil cherchait à entrevoir une forme svelte et légère; il épiait un mouvement du feuillage ou un pan de robe ondulant doucement à la brise nocturne.

Tout à coup il pâlit et se pencha en avant comme s'il allait tomber; sa bouche s'ouvrit pour pousser un cri; mais le son n'arriva pas jusqu'aux lèvres. Haletant, les cheveux hérissés sur la tête, il serrait convulsivement l'extrémité d'une branche de vigne qui se trouvait à portée de sa main.

C'est que l'illusion s'était faite réalité. La forme svelte et légère venait en effet de se montrer au pied de l'oranger, blanche et vaporeuse comme la sylphide des traditions allemandes. Les rameaux parfumés se balançaient au-dessus de sa tête, et le pan de sa robe de soie chatoyait aux rayons de la lune.

Armand posa la main sur ses yeux, et les tint fermés un moment ; puis il les rouvrit de nouveau. Il revit l'apparition à la même place.

Le colonel de Verneuil passait pour un des plus braves soldats de cette grande armée qui comptait tant de milliers de braves ; cependant son visage était baigné de sueur et il frissonnait.

Il eut néanmoins un éclair de réflexion :

— Quoi d'étonnant, — pensa-t-il, — que quelqu'un se promène dans le jardin par cette magnifique nuit ? Il n'y a là, sans doute, qu'une circonstance toute naturelle. — Alors, comme si elle eût deviné ses pensées, l'apparition sortit lentement de l'ombre épaisse que projetait l'oranger et s'avança vers lui. C'était une femme, c'était Galatée ; Galatée, telle qu'il l'avait vue autrefois, avec son petit chapeau de paille, sa tunique de satin, son écharpe bleue, ses beaux bras nus aux bracelets de corail. La lune l'éclairait tout entière, et Armand pouvait aisément reconnaître des traits si bien gravés dans sa mémoire. Elle était plus pâle et plus frêle qu'autrefois, mais son visage n'avait jamais resplendi d'une beauté plus céleste. Elle semblait affligée et levait fréquemment ses mains diaphanes d'un air de douleur. Armand poussa un cri sourd et posa le pied sur l'appui de la fenêtre pour s'élancer dans le jardin. Mais, au milieu de sa frénésie, une sorte d'instinct l'arrêta. Il recula vivement et, cachant sa tête dans les couvertures de son lit, il murmura d'une voix entrecoupée : — Il n'y a plus de doute... je suis fou, mon Dieu ! j'ai perdu la raison.

Après avoir employé quelques instans à se remettre de son trouble et à se répéter qu'il était dupe de son imagination exaltée par la fièvre, il revint à la fenêtre.

Cette fois le fantôme avait disparu. Verneuil attendit plus d'une heure encore sans que rien troublât le silence et l'immobilité de la nuit.

XIII

L'INTRUS.

Aux premiers rayons du jour, Armand fut debout, et il se hâta de descendre dans la cour pour échapper aux visions effrayantes qui l'avaient poursuivi toute la nuit. A cette heure matinale les maîtres du logis semblaient encore se livrer au sommeil et les fenêtres étaient closes. Cependant une certaine activité régnait déjà autour de la maison un palefrenier promenait dans la grande avenue deux magnifiques chevaux de main, couverts de housses écarlates ; des laboureurs ou des jardiniers, leurs outils sur l'épaule, se rendaient à leurs travaux ; on entendait au loin les beuglemens des bestiaux qui allaient vers les pâturages, sous la garde de bergers bien différens de Lysandre et de Némorin. La solitude s'était peuplée ; l'Arcadie d'autrefois, devenue une bergerie suisse, avait perdu son mystère et son élégance, mais non tout à fait son charme et sa poésie.

Verneuil désirait ardemment de revoir seul les lieux où s'étaient passées les principales scènes de cette histoire. Il redoutait les regards curieux qui eussent pu, dans cette espèce de pèlerinage, épier ses impressions et gêner sa douleur. Aussi, après s'être assuré que personne ne semblait avoir remarqué sa sortie, s'engagea-t-il rapidement dans cette ancienne allée de tilleuls qui conduisait à la partie la plus solitaire du val Perdu.

Le soleil se levait ; la rosée pendait en perles brillantes aux herbes et aux buissons. A droite et à gauche du chemin, des pommiers et des pêchers en fleurs faisaient pleuvoir sur la terre leurs fins pétales blancs et roses. Le rossignol soupirait ses dernières mélodies, tandis que les grives bariolées, les loriots au corsage d'or, les merles à la livrée de velours noir, saluaient avec la plèbe des linottes, des pinsons et des fauvettes, cette journée de printemps qui commençait.

Néanmoins plus Verneuil avançait et plus son cœur se serrait, plus ses réflexions prenaient un caractère mélancolique. Une foule de détails, inaperçus la veille dans un rapide examen, venaient maintenant fixer son attention et attrister son âme. La nature était toujours riante au val Perdu ; mais ce qui était l'ouvrage de l'homme y portait la trace de la négligence et de l'abandon. Les stachis fétides, les orties et les arroches avaient envahi les sentiers qui serpentaient capricieusement à travers les plantations. Ces statues blanches, d'un effet si pittoresque au milieu d'un bocage sombre, étaient mutilées ou rongées de mousse ; les ponts s'étaient effondrés dans le torrent, les kiosques menaçaient ruine. Evidemment celui qui voulait autrefois avec tant de sollicitude à l'embellissement de ces délicieux jardins s'était dégoûté de son œuvre et l'avait vouée depuis longtemps à la dégradation et à l'oubli.

Le colonel visita ainsi la clairière où il avait rencontré les deux bergères, où il avait surpris leurs tendres confidences, le cabinet de verdure qui servait aux joyeux soupers du soir, la grotte où travaillait Lysandre. Chacune de ces stations, comme on peut le croire, avait éveillé en lui bien des sentimens douloureux, bien des pensées amères ; mais il n'avait pas osé encore approcher du lieu qui résumait à la fois ses plus doux et ses plus poignans souvenirs, de ce pré des Anémones où il avait déclaré son amour à Galatée, et où plus tard il avait vu la jeune fille pour la dernière fois.

Cependant une force irrésistible l'entraînait vers cet endroit fatal ; il lui semblait que ce fût un devoir sacré pour lui de revoir ce rocher de tragique mémoire d'où l'infortunée bergère s'était élancée dans l'abîme. Quoique son cœur se brisât à la seule pensée d'accomplir ce devoir, il voulut à tout prix l'accomplir. Il se fraya donc passage à travers les mauvaises herbes qui s'étaient multipliées particulièrement dans cette partie solitaire de la vallée, et il atteignit enfin la lisière du pré des Anémones.

Arrivé là, Armand fut pris d'un saisissement inexprimable. Il s'arrêta, et, s'appuyant contre un arbre, il resta plusieurs minutes sans oser jeter les yeux autour de lui.

Il s'y décida enfin par un effort de courage. Heureusement il n'aperçut pas d'abord la roche falaise, qui s'avançait dans le lac comme un petit promontoire, derrière un bouquet de peupliers, et la prairie en elle-même n'avait rien de sinistre.

Les jolies fleurs blanches qui lui avaient donné leur nom émaillaient toujours le gazon avec la brillante argentine, la campanule bleue, les majestueux orchis et l'odorante jacinthe. Le saule au pied duquel Verneuil avait fait à la bergère l'aveu de son amour était là encore secouant mollement ses longues et onduleuses branches au feuillage pâle, quand un souffle léger venait soulever les lames clapoteuses de l'étang.

Armand, après avoir déposé respectueusement un baiser sur le tronc noueux de cet arbre sacré, s'achemina en chancelant vers l'autre bout du pré des Anémones. Bientôt il se trouva sur l'étroite langue de terre à l'extrémité de laquelle s'élevait la pierre maudite. Un monument fort simple désignait cette pierre à la religion des habitans du val Perdu ; c'était une petite pyramide en maçonnerie surmontée d'une croix de fer doré. En face était disposé un banc rustique où l'on pouvait s'asseoir pour prier ou pour méditer. L'isolement de ce lieu, le calme profond qui y régnait, et surtout les souvenirs qui s'y rattachaient, eussent inspiré du recueillement aux personnes les plus étrangères au drame dont il avait été le théâtre. Qu'on juge de l'effet que dut produire ce tableau mélancolique sur l'esprit du malheureux Armand !

— Elle est là ! — murmura-t-il ; — ils l'ont enterrée dans le lieu même où elle a péri... O ma Galatée ! c'est donc là ton tombeau ! — Il allait s'agenouiller devant la croix, quand il s'aperçut qu'il ne serait pas seul à remplir ce devoir pieux. Une personne, que la déclivité du sol lui avait cachée jusqu'à ce moment, était à genoux devant l'humble mausolée. Verneuil reconnut le petit Charles, dont il avait reçu la veille un accueil si affectueux. L'aimable enfant portait une élégante tunique de velours noir sur laquelle retombaient les longues boucles de sa chevelure blonde. Son chapeau à plume était posé près de lui sur le gazon. Les mains jointes, les yeux tournés vers la croix, il récitait à voix haute une prière naïve dont quelques paroles frappèrent le colonel.

« Mon Dieu, — disait-il, — ayez pitié de la pauvre femme qui, à cette même place, a osé attenter à l'existence que vous lui aviez donnée. Pardonnez-lui comme elle-même a pardonné à tous ceux qui furent la cause involontaire de cette action coupable ; étendez sur eux et sur elle votre miséricorde infinie. La prière de l'enfance vous est agréable, parce que l'enfance est pure et innocente. Exaucez-moi donc en répandant vos bénédictions sur ceux que j'aime, et accordez-leur les prospérités terrestres en attendant le bonheur du ciel. Ainsi soit-il ! »

Pendant que le petit garçon priait ainsi avec une onction extraordinaire, Verneuil restait comme frappé de stupeur. Mais cette rencontre inattendue, dans ce lieu funèbre, n'était pas la seule cause de son émotion. La veille, il n'avait fait qu'entrevoir le gracieux enfant, et il l'avait à peine remarqué au milieu des préoccupations de son arrivée au val Perdu ; maintenant seulement il s'apercevait de la ressemblance étonnante du jeune Charles avec la pauvre Galatée.

C'était même pureté dans les lignes, même finesse dans l'expression, même mélancolie dans le regard. Tout, jusqu'au son de voix plaintif et bien timbré, rappelait l'infortunée bergère ; et cette observation dans un semblable lieu, au moment où les facultés de Verneuil étaient violemment tendues, renversait sa raison.

Comme le petit Charles, après avoir fait un signe de croix, se levait pour se retirer, Armand s'élança vers lui et l'embrassa avec transport sans prononcer une parole.

L'enfant avait paru d'abord un peu effrayé de l'apparition subite du colonel et de ses caresses convulsives ; mais bientôt il se rassura et lui sourit avec candeur :

— Quoi ! mon bon ami, — dit-il, — vous êtes donc venu ici faire votre prière avec moi ? Vous avez bien raison ; on m'a dit que cet endroit était saint comme une église, et que le bon Dieu m'y entendrait mieux que partout ailleurs.

— Vous savez, donc, mon enfant, — demanda Verneuil d'une voix très altérée, — quelle est la malheureuse femme enfermée dans ce tombeau ?

— Un tombeau ! — répéta Charles avec un mouvement de terreur, — ce n'est pas un tombeau, mon bon ami ; c'est seulement un petit monument, comme l'appelle monsieur de Rancey, destiné à conserver la mémoire d'un événement bien triste.

— Et vous venez souvent ici ?

— Tous les matins ; petite maman le veut.

— Cette prière que vous récitiez tout à l'heure, qui vous l'a apprise ?

— C'est petite maman et, en me l'apprenant, elle pleurait.

— Bonne et aimable Estelle !... Elle a cherché à perpétuer son affection pour sa sœur infortunée en la transmettant à son fils !

Charles regarda le colonel avec ses grands yeux limpides.

— Oh ! mais que dites-vous donc là, mon bon ami ? — reprit-il, — petite maman ne s'appelle pas Estelle.

Armand, qui croyait savoir d'où provenait l'erreur de l'enfant, répondit seulement par un sourire mélancolique et, posant sa main sur sa tête blonde, il tomba dans une profonde rêverie. Quelques minutes se passèrent. Charles n'osait bouger de peur de déranger cette main caressante.

Enfin il demanda timidement : — Si vous retournez à la maison, monsieur de Verneuil, me permettrez-vous de vous accompagner ? — Ne recevant pas de réponse, il releva doucement la tête ; une larme tomba sur sa joue comme une goutte de rosée. L'enfant manifesta une douloureuse surprise. — Vous pleurez, mon bon ami, — s'écria-t-il ; — moi, je suis un petit garçon et je pleure souvent ; mais vous, un homme, un militaire, comme il faut que vous ayez du chagrin !... Oh ! ne soyez pas triste, je vous en prie ; tenez, embrassez-moi vite, mais ne pleurez plus.

Et, prêt à pleurer lui-même, il se soulevait pour offrir au colonel son front blanc et pur. Armand le contempla avec une indicible tendresse.

— Oui, — murmura-t-il, — c'est un ange qu'elle m'a envoyé pour adoucir ma douleur, et, afin de le rendre plus irrésistible, elle lui a donné sa voix et les traits de son visage.

En même temps il serra de nouveau Charles contre sa poitrine et le dévora de baisers.

Un cri faible, mais où semblait se résumer toutes les félicités de la terre, se fit entendre à quelque distance. Armand se redressa vivement. Ce cri, il ignorait d'où il était parti ; il lui avait paru à la fois sortir du lac et s'échapper des touffes de buissons qui bordaient le pré des Anémones ; cependant il avait cru reconnaître jusque dans ce son inarticulé la voix de Galatée.

Il regarda de tous côtés. A l'autre extrémité du promontoire se montrait une jeune fille chargée de veiller sur le petit Charles. Il courut à elle et demanda brusquement :

— Est-ce vous qui tout à l'heure...? — Sans lui donner le temps d'achever, la jeune fille posa son doigt sur sa bouche d'une façon particulière. Alors seulement Verneuil reconnut la sourde-muette autrefois cameriste d'Estelle et de Galatée. — Insensé que je suis ! — murmura-t-il avec accablement, — j'ai pris les clameurs bizarres de cette pauvre créature pour... Oh ! ma raison, ma raison !

Il se frappa le front et s'éloigna rapidement de ce triste lieu.

L'enfant, n'osant parler, se mit à trottiner à côté de lui, tandis que la bonne muette les suivait à quelques pas en arrière.

On quitta le pré des Anémones et on gagna l'avenue de tilleuls. Armand ne tournait pas les yeux vers son petit compagnon de route, comme s'il eût craint que la frappante ressemblance de Charles avec celle qui occupait ses pensées n'augmentât encore le désordre de son esprit. Charles interrompit le premier ce silence obstiné.

— Mon bon ami, — reprit-il avec timidité, — seriez-vous mécontent de moi ? J'en serais fâché, car je vous aime bien...

— Et pourquoi m'aimeriez-vous ? — demanda Armand avec brusquerie ; — on a dû pourtant vous dire que j'étais dur, cruel, et que les malheurs arrivés au val Perdu étaient mon ouvrage.

— On ne m'a jamais dit cela, — répliqua l'enfant d'un ton angélique ; — est-ce qu'il y a des méchans ? Comment auriez-vous pu faire tant de mal, vous qui paraissez si bon ?

La rudesse du colonel ne résista pas à cette touchante naïveté ; il regarda l'enfant et lui sourit avec tristesse.

On atteignit enfin la maison. La famille de Rancey était déjà réunie pour le déjeuner. Quand Verneuil parut, conduisant Charles par la main, il y eut comme un mouvement de surprise. Néanmoins tout le monde vint s'informer affectueusement s'il était remis des fatigues du voyage. Armand s'efforça de répondre d'une manière convenable à ces témoignages d'intérêt, mais, en dépit de lui-même, ses paroles et ses actions trahissaient un véritable égarement. La vicomtesse l'observait à la dérobée d'un air de pitié, et quand on se leva pour se mettre à table elle dit bas à son père :

— Voyez comme il est pâle et défait !

Le vieillard lui imposa silence d'un geste impérieux.

Pendant le déjeuner, on ne fit aucune allusion aux causes secrètes de l'agitation d'Armand. La conversation roulait comme la veille sur Paris, sur la cour impériale, sur les chances possibles d'une nouvelle guerre. Le colonel répondait à peine ou répondait de travers aux questions qui lui étaient adressées par ses hôtes dans l'intention bienveillante de le distraire. Il ne mangeait pas, et son regard était presque toujours baissé. Quelquefois aussi ses yeux s'arrêtaient sur le petit Charles, placé en face de lui, avec une fixité qui embarrassait fort le pauvre enfant et appelait sur ses joues une vive rougeur.

Armand avait témoigné le désir de monter à cheval, et le vicomte s'était empressé de donner des ordres en conséquence. Dès que le repas fut fini, on vint annoncer que le cheval était prêt. Armand se leva et s'excusa de quitter sitôt la compagnie sur le besoin qu'il ressentait d'un peu d'exercice violent, afin de chasser les vapeurs qui obstruaient son cerveau.

On l'accompagna jusqu'au perron, où le cheval attendait. Le colonel sauta en selle avec impétuosité, salua messieurs de Rancey et la vicomtesse, puis, enfonçant son chapeau sur ses yeux, il partit comme le vent. En une minute il eut franchi l'avenue qui conduisait à la grande grille et disparu dans un nuage de poussière.

— Comme il mène mon pauvre alezan ! — dit le vicomte d'un ton de regret ; — le malheureux animal sera fourbu avant d'être arrivé au village.

— Eh ! monsieur, qu'importe cela ? — dit la vicomtesse à son tour ; mon père, — continua-t-elle en s'adressant au vieillard, — n'êtes-vous pas satisfait du résultat de cette douloureuse épreuve ?... Je vous en supplie, réfléchissez qu'il n'appartient pas à la nature humaine de supporter impunément...

— Laissez, madame, — interrompit le comte d'un air froid et sévère ; — il faut que ce que j'ai résolu s'accomplisse ; vous savez à quel prix est mon pardon... Il a beaucoup regardé le petit Charles, — ajouta-t-il avec réflexion, — il est revenu avec l'enfant du pré des Anémones ; que que s'est-il passé ? il faut que je le sache.

Et il rentra précipitamment dans la maison.

Cependant Armand continuait sa course effrénée vers le village. Les pentes les plus rapides, les tournans les plus dangereux n'avaient pu le décider à ralentir le galop de sa monture. Il entra dans Rosenthal avec toute la rapidité de son généreux coursier, dont les pieds faisaient jaillir du pavé des milliers d'étincelles.

Arrivé devant l'auberge des *Trois-Cigognes*, il sauta à terre, remit la bride à une espèce de valet d'écurie qui était accouru au bruit, et, après lui avoir fait signe de donner quelques soins à la noble bête, couverte de sueur et d'écume, il demanda le capitaine Ravaud. Sans attendre de réponse, il franchit le seuil de la maison, gravit l'escalier, et entra brusquement dans la chambre qu'il avait dû occuper la veille.

Ravaud était assis devant une table, sur laquelle se trouvaient une bouteille de Johannisberg et toutes les espèces de fromages alors connues en Suisse, depuis le classique Gruyère jusqu'au fétide Neufchâtel. Maître Wolf, l'hôtelier au nez camard, le mari de Claudine, lui faisait compagnie ; ils trinquaient en ce moment comme deux vieux amis. De plus, l'accommandant capitaine tenait sur ses genoux un des marmots de la maison, qui pêchait gravement dans son assiette, tandis qu'un autre plus petit le tiraillait par les basques de son habit.

Ravaud parut un peu confus d'être surpris dans cette situation. Il s'empressa de se débarrasser des enfans et s'avança vers le colonel en souriant :

— Ma foi ! mon cher Verneuil, vous me voyez en train de cimenter la paix avec monsieur Wolf et sa famille. Je tiens à prouver que je n'ai pas de rancune et ce brave homme vous dira... mais laissez-nous, Wolf, — continuat-il d'un ton plus sérieux, en remarquant les traits bouleversés d'Armand ; — nous reprendrons une autre fois cette discussion savante sur le mérite de vos productions

indigènes ; je crois que le colonel désire me parler. — Verneuil fit un signe de tête et se laissa tomber sur un siége. L'aubergiste n'eut pas besoin qu'on lui répétât cette invitation. Après avoir préalablement vidé son verre, il prit ses marmots par la main, salua et sortit à reculons. — A votre air consterné, mon cher Verneuil, — dit Ravaud amicalement, — je devine que les choses prennent une mauvaise tournure... Votre parent serait-il, par hasard, un noble encroûté qui ne fait aucun cas des ordres de l'empereur ?

Le colonel gardait toujours un silence farouche. Il dit enfin :

— Vous êtes mon compagnon d'armes et mon ami depuis dix ans, Ravaud, et, malgré la différence de nos caractères, nul n'a jamais eu une aussi large part dans ma confiance... Je vous prie donc de répondre avec franchise et sincérité à la question peut-être étrange que je vais vous adresser. Avez-vous observé que j'aie jamais donné des signes de bizarrerie, d'égarement, enfin que j'aie perdu la raison ?

Le capitaine ouvrit de grands yeux effarés.

— Que diable me demandez-vous là ? — répliqua-t-il ;— sans doute vous ne parlez pas sérieusement.

— Très sérieusement, au contraire ; et c'est au nom de notre vieille amitié que je vous prie instamment de me dire si vous avez reconnu en moi quelque tendance à devenir visionnaire ou fou.

La question était précise. Le brave militaire se gratta l'oreille d'un air d'embarras, sans remarquer que son hésitation était passablement désobligeante pour son ami.

— Eh bien, ma foi ! Verneuil, — balbutia-t-il enfin, — je ne voudrais pas vous offenser, mais il y a quelques années, dans ce même village de Rosenthal où nous sommes maintenant, je crus un moment que vous aviez reçu un mauvais coup sur la tête, là-bas, à l'affaire de l'Albis ; véritablement, à cette époque, vous parliez de bergers et de bergères, de Philémon, de Némorin et d'autres particuliers de ce genre, plus qu'il ne convenait à un homme sensé.

— Fort bien ; mais depuis ?...

— Oh ! depuis, je suis prêt à jurer que vous auriez pu rendre des points à la meilleure caboche de France, à l'exception pourtant de celle de l'empereur, parce que celle-là... enfin, suffit. A la vérité, votre humeur est parfois un peu sombre et un peu taciturne ; mais le jugement est bon, j'en répondrais comme du mien.

— Il faut alors, mon cher Ravaud, que l'influence de ce pays me soit particulièrement funeste, — répliqua Armand, — car à peine y ai-je mis le pied que je suis disposé à penser de moi-même ce que vous en pensiez il y a six ans. — Comme le capitaine semblait l'interroger du regard, Verneuil lui apprit en peu de mots les événemens qui s'étaient passés au val Perdu et la singulière situation où il se trouvait avec la famille de Rancey ; enfin il lui raconta quelles angoisses lui avaient causées la vision de la soirée précédente et l'étrange ressemblance du jeune Charles avec Galatée. Ravaud écoutait en rongeant sa grosse moustache d'un air d'attention extrême. — Eh bien ! mon ami, — ajouta le colonel avec une naïveté presque enfantine en terminant, — que pensez-vous de tout cela ? Éclairez-moi, car j'ai grand besoin de conseils, et ma pauvre tête se brise à sonder ces mystères... A votre avis, ai-je été la dupe de mon imagination ? la fièvre a-t-elle abusé mes sens au point de me montrer ce qui n'existe pas ? ou bien serait-il possible qu'une puissance occulte, surhumaine...

— Allons donc ! — interrompit brusquement Ravaud,— je puis croire à Dieu, mais je ne croirai jamais au diable... Écoutez, colonel, je ne suis pas un savant ; et, sauf l'art de donner un coup de sabre, de griffonner un rapport, ou peut-être de dire quelques mots à ma compagnie au moment de la conduire au feu, mes talens ne vont pas loin. Cependant, à en juger avec mon gros bon sens, il y a dans vos aventures des choses qui ne sont pas tout à fait selon l'ordonnance. Ainsi, par exemple, vous vous étonnez peut-être à tort de cette grande ressemblance d'un enfant avec sa proche parente que vous avez connue; rien n'est plus naturel, et votre effroi provient uniquement du hasard qui vous a fait rencontrer cet enfant dans le lieu où a péri votre maîtresse. De même expliquerait-on peut-être les autres événemens qui ont produit tant d'impression sur vous. Néanmoins, tout en laissant une large part aux jeux du hasard et aux écarts de votre esprit fatigué, je ne puis m'empêcher de soupçonner qu'il y a dans cette affaire quelque machination, quelque tricherie...

— Y pensez-vous, Ravaud? Qui aurait intérêt à me tourmenter ainsi?

— Je n'en sais rien, moi; mais votre parent, si complaisant en apparence, me semble suspect. Peut-être n'a-t-il pas aussi complétement oublié le passé qu'il veut vous le faire croire; peut-être a-t-il gardé au fond du cœur quelque arrière-pensée de rancune et de vengeance... A en croire certains rapports, il ne faut pas trop compter sur lui.

— Que dit-on de lui, Ravaud? Par grâce, apprenez-moi ce que l'on pense de monsieur de Rancey dans le voisinage.

— Rien de mal, précisément, mais rien de bien non plus. C'est un particulier fort mystérieux, fort despote; il mène sa famille à la baguette, et personne n'ose broncher quand il parle. Il va, il vient, il fait des voyages au loin, ou il séjourne au val Perdu, sans qu'on sache jamais la cause de ses actions. Il est une énigme vivante pour tout le pays. Wolf et sa femme, avec qui j'ai causé de lui, histoire de passer le temps, m'ont parlé notamment d'une dame soigneusement voilée qu'il a ramenée de France dans sa voiture, il y a deux jours, et dont la présence a donné lieu à force interprétations à Rosenthal...

— Une dame! — répéta Verneuil avec agitation. — En effet, je crois avoir entendu faire mention de cette circonstance, quoiqu'elle m'ait paru d'abord indifférente... Mais il n'y a au val Perdu aucune autre dame que la vicomtesse de Rancey : ne serait-ce pas elle, par hasard, qu'on aurait voulu désigner?

— Non, non, colonel; madame de Rancey n'a pas quitté l'habitation depuis six mois, et, deux heures avant l'arrivée de la personne en question, on avait vu la vicomtesse se promener avec son mari dans la grande avenue. C'était une étrangère qui avait l'air de se cacher; ils ont traversé le village avec la rapidité du vent, et depuis ce moment on ne l'a pas revue.

Armand se leva avec anxiété.

— Ravaud, — dit-il, — appelez Wolf et sa femme; je veux les questionner moi-même, je veux savoir...

— Ils ne vous diront rien de plus sur cette histoire, sinon peut-être que le voile de point d'Angleterre qui enveloppait l'inconnue de la tête aux pieds valait plus de mille écus : c'est Claudine qui a fait cette remarque. On ne sait absolument pas autre chose sur la dame de la voiture. Cette aventure a-t-elle un rapport quelconque avec votre vision de la nuit dernière? Il ne m'appartient pas de prononcer là-dessus. Néanmoins je voudrais qu'il me fût permis de rester près de vous pour avoir l'œil ouvert sur vos affaires : je parierais ma moustache que nous finirions par découvrir quelque vilain pot aux roses.

— Et moi, Ravaud, je sens que votre présence me serait d'un grand secours... Vous êtes calme, brave, dévoué; vous me soutiendriez contre moi-même. Depuis quelques heures, je suis faible et pusillanime comme une femme; je me trouve lâche!

— Triple tonnerre! voilà une épithète qui me paraît fièrement saugrenue, à moi qui sais comment vous avez gagné votre double épaulette à graines d'épinards... Mais voyons, colonel, n'y a-t-il aucun moyen de m'introduire dans cette maison hantée par les revenants? Un hôte de plus ne causerait pas un grand embarras dans une famille aussi riche...

— J'ai entendu dire que le comte et ses enfans étaient logés fort à l'étroit.

— Allons donc, je suis militaire, et je sais au besoin tenir de place; un grenier, une soupente, un chenil, tout me sera bon.

— Eh bien! j'essayerai, je vous le promets.

— Essayez, colonel; il vous sera facile de toucher quelques mots à votre vieux parent d'un de vos amis qui serait enchanté de faire sa connaissance. Dès ce soir, je prendrai garnison chez lui; et, s'il y avait du louche, on verrait qu'il n'est pas facile d'attraper des lapins comme nous, quand ils sont deux.

Ils s'entretinrent encore un moment sur ce sujet. Armand redoutait un peu le sans-gêne soldatesque et républicain de son compagnon d'armes. Néanmoins il se contenta de recommander au capitaine de ne pas se présenter au val Perdu avant d'avoir acquis la certitude qu'il y serait le bienvenu, et il partit en promettant de lui faire savoir, le jour même, le résultat de sa requête.

Cette conversation avec un ami qui, sous des formes rudes, cachait un jugement sain, avait fait grand bien à Verneuil. Il se trouva même si calme et si dispos que, avant de quitter l'auberge, il put s'entretenir familièrement avec Claudine, qu'il aperçut dans la salle basse, et la complimenter avec gaieté sur l'accroissement prodigieux de sa famille. L'épouse de maître Wolf parut heureuse de cette marque d'intérêt; elle rougit, elle sourit avec un reste de son ancienne naïveté, et, tout en dissimulant sous sa mantille son ventre rondelet, elle murmurait avec un gros soupir :

— Ah! colonel Ferneuil, si fous afiez foulu!

Armand, en revenant au val Perdu, ne donnait plus à sa monture les allures fougueuses qu'elle avait en venant à Rosenthal. Une réaction complète s'était opérée en lui. Son esprit s'était rasséréné; la raison avait repris son empire. Maintenant il voyait sous leur aspect simple et terre à terre les circonstances qui avaient jeté la perturbation dans son intelligence, et il espérait, avec le secours de son fidèle Ravaud, ne plus céder à de semblables faiblesses.

Il était dans cette situation d'esprit quand il entra dans la cour de l'habitation. Il demanda au valet qui vint prendre la bride de son cheval où se trouvait en ce moment monsieur de Rancey; ayant appris que le comte était dans la serre, il se dirigea aussitôt de ce côté.

Ce trajet si court fut pourtant sur le point de lui causer une sorte de rechute. La serre communiquait par une porte intérieure avec cette partie de la maison occupée autrefois par Galatée, et c'était par cette porte que l'imprudente bergère sortait la nuit pour venir à leurs rendez-vous. D'ailleurs Armand devait passer sous ce grand oranger, témoin autrefois de leurs tendres confidences, et où, la veille encore, il avait cru voir se glisser l'ombre de son amie. Heureusement le colonel se défiait de lui-même; il ne regarda ni l'oranger magique, ni les fenêtres alors hermétiquement closes de l'ancienne chambre de Galatée, et passa rapidement, sans autre inconvénient qu'un léger battement de cœur.

La serre, à cette époque de l'année, était à peu près vide; il n'y restait plus qu'un certain nombre de plantes tropicales, trop délicates pour affronter la fraîcheur des nuits de printemps dans cette contrée montagneuse. Ses murailles nues et ses parois de verre lui donnaient une sonorité telle, que le bruit des pas de Verneuil sur les larges dalles de granit éveillait mille petits échos. A ce bruit, le comte, qui, armé d'une serpette, élaguait les feuilles flétries d'un magnifique ananas, se retourna lentement. En reconnaissant le colonel, il fit un mouvement de surprise, mais il se remit aussitôt.

— Vous voyez, mon cher Armand, — dit-il en s'avançant au-devant de lui, — que le comte de Rancey a conservé les goûts de l'horticulteur Philémon. — Puis, prenant la main du colonel, il le fit asseoir auprès de lui sur un banc au-dessus duquel des lianes rouges et jaunes, dont la graine provenait des forêts vierges de la Guyane, formaient un joli berceau; c'était la place favorite de monsieur de Rancey pour lire ses vieux livres de philoso-phie et pour méditer. Jamais encore le vieillard n'avait montré à son parent autant de laisser-aller et de bienveil-lance. Aussi Armand crut-il le moment favorable pour parler de Ravaud; il demanda la faveur de présenter son ami au val Perdu comme une chose toute simple et qui ne pouvait soulever aucune objection. Quel fut son éton-nement de voir les traits du comte se rembrunir et son sourcil se froncer. — C'est impossible, — dit monsieur de Rancey avec quelque sécheresse. — Y pensez-vous, colo-nel? introduire un étranger dans notre intérieur, où tant de souvenirs palpitent, où tant de passions frémissent sous une apparence calme !... D'ailleurs, je suis parfois morose, taciturne, et je ne voudrais pas faire peser sur un autre les caprices de cette humeur sombre... Vous m'obli-gerez donc de ne pas insister à cet égard. — Et comme le colonel restait étourdi de ce refus inattendu : — Serait-il donc vrai, mon cher parent, — continua le comte amica-lement, — que vous vous ennuiriez déjà parmi nous, et que vous chercheriez, en dehors de votre famille, des distractions qu'elle ne peut vous fournir?

— Oh! ne croyez pas cela, — répliqua Armand; — je ne saurais éprouver au val Perdu rien qui ressemble à de l'ennui; mais en revanche je suis incessamment obsédé de réflexions pénibles, de regrets amers, je suis décou-ragé, abattu, et...

— Je comprends, — dit le vieillard; — mais il faut qu'il en soit ainsi; car si, à la vue des lieux où vous avez commis d'aussi grandes fautes, vous n'aviez pas senti les aiguillons de votre conscience, ces fautes seraient sans excuse... Ne vous plaignez donc pas de vos souffrances secrètes; elles seules peuvent vous absoudre aux yeux de celui que vous avez offensé... je veux dire aux yeux de Dieu. — Le comte s'exprimait avec une exaltation presque haineuse, bien capable de justifier les soupçons de Ra-vaud. Il continua d'un ton plus calme : — Néanmoins, mon cher Armand, je m'efforcerai d'abréger votre sup-plice dans cette maison autrefois si paisible, si heureuse..; Prochainement nous la quitterons tous, je vous le pro-mets.

— Quoi! monsieur, vous êtes décidé...

— Les gazettes arrivées aujourd'hui de France con-tiennent de graves nouvelles. D'un moment à l'autre, la guerre européenne peut recommencer, et votre alliance avec la famille de Sancy serait indéfiniment ajournée. Nous devons donc nous hâter de profiter des bonnes dis-positions de notre empereur.

Armand ouvrit la bouche comme pour combattre ce projet; mais, se ravisant aussitôt, il reprit avec agita-tion :

— Eh bien! soit; que ce mariage s'accomplisse, puis-qu'il le faut! Qu'importe un arrangement d'ambition où le cœur n'entre pour rien? Je n'aimerai jamais cette or-gueilleuse héritière; mais puisque l'univers entier se réu-nit contre moi, je l'épouserai... Mes amis, ma famille et mon puissant bienfaiteur ne peuvent exiger davan-tage.

— Je savais bien que vous finiriez par vous résigner! — dit monsieur de Rancey avec un sourire d'ironie.

Pendant cette conversation, ils avaient quitté la serre. Au moment où ils allaient rentrer dans la maison, ils en virent sortir le vicomte et la vicomtesse, accompagnés d'un personnage convenablement vêtu qui se faisait re-marquer par ses gestes affectés et par une politesse ridi-culement démonstrative. Armand ne put retenir un mou-vement de surprise et de mécontentement; il venait de reconnaître le capitaine Ravaud.

— Qui nous arrive là ? — demanda le comte d'un ton irrité en s'arrêtant. — Monsieur de Verneuil, votre ami n'aurait-il pu attendre au moins mon autorisation pour s'introduire chez moi ?

— Excusez-le, monsieur, — répliqua Armand avec con-fusion ; — peut-être n'a-t-il d'autre intention que de faire une courte visite de politesse; mais si sa présence vous est désagréable, je le prierai... Seulement, de grâce, n'ou-bliez pas que c'est un homme de cœur et de sens, qui mérite des égards.

En ce moment ils furent rejoints par la compagnie; Ra-vaud vint respectueusement saluer le comte, sans s'in-quiéter des regards furieux que lui lançait Armand.

— Je ne vous ai pas fait l'injure, monsieur, — dit-il avec une grande assurance, — de douter un seul instant que le compagnon d'armes, l'aide de camp du colonel Verneuil ne fût bien accueilli dans votre maison. Le colonel a dû vous parler déjà de Ravaud, du capitaine Ravaud, de l'ex-soixante-deuxième... (Il salua de nouveau.) C'est moi. J'ose espérer donc que monsieur de Rancey m'excusera de venir m'installer ici sans façon avec mon chef de file; car, ainsi que je le disais tout à l'heure à cet honnête mon-sieur et à cette aimable jeune dame, qui aime saint Roch aime son chien, et l'on ne peut chasser Ravaud à coups de fourche là où l'on reçoit amicalement Armand de Ver-neuil.

L'effronterie du soudard et sa manière passablement originale de se présenter lui-même eurent pour effet de déconcerter un peu la raideur compassée du comte.

— A ce que je vois, monsieur, — dit-il en se tournant vers le vicomte et la vicomtesse, — mes enfans ont cher-ché déjà à me suppléer en vous faisant les honneurs de mon logis... et je les félicite de leur empressement.

Le vicomte parut embarrassé; mais la mutine Estelle repartit avec vivacité :

— En cela, mon père, nous avons prévenu vos volon-tés; vous ne nous eussiez pas pardonné de manquer d'é-gards envers un militaire distingué, qui s'annonçait comme l'ami de notre cher parent de Verneuil.

Monsieur de Rancey punit d'un regard foudroyant cet excès de hardiesse.

— Capitaine Ravaud, — dit Armand à son tour d'un ton sévère, — je ne comptais pas vous revoir de sitôt. Vous pouviez craindre en effet que votre présence chez mon-sieur de Rancey fût un embarras, une gêne...

— Quel embarras? Quelle gêne? — répliqua Ravaud avec son sang-froid merveilleux, quoiqu'une imperceptible rougeur lui eût monté au front; — je ne suis pas un hôte d'importance, et je n'ai qu'un but partout où je suis, ex-cepté toutefois sur un champ de bataille, c'est de passer ina-perçu. L'ordinaire d'un simple soldat me suffit, quoique je puisse aussi bien m'accommoder de celui d'un empereur; et, quant à un gîte, je voudrais que vous vissiez le peu de place qu'occupe ma valise dans votre chambre et le mince matelas que j'ai disposé pour moi au pied de votre lit; un caporal en campagne ne pourrait se contenter de moins... D'ailleurs, vous savez bien que, pour l'honneur de la 62e, il faut que je reste près de vous. Est-ce ma faute à moi si j'ai un colonel courageux comme un lion devant l'enne-mi, mais qui est sujet aux mauvais rêves?

Cette allusion aux événemens de la nuit précédente fit rougir Verneuil à son tour; et sans doute elle fut comprise des autres assistans, car ils baissèrent la tête d'un air d'embarras, tandis que la vicomtesse se détournait pour cacher un sourire. Ravaud jouit un moment du succès de sa saillie. Le comte, paraissant enfin dominer un violent dépit, reprit avec un enjouement affecté :

— Décidément le capitaine Ravaud est homme d'esprit... Il a appris qu'il y avait de ce côté une horde de solitaires farouches, inhospitaliers, de véritables sauvages, chez les-quels s'était fourvoyé son ami le colonel Verneuil; il s'est dévoué; il s'est introduit, moitié par force, moitié par ruse, dans le repaire des anthropophages, au risque d'être dévoré tout vif... Eh bien ! soit; les cannibales se montre-ront de bonne composition ; ils accueilleront également bien l'un et l'autre, et ils ne croqueront personne... Vous êtes chez vous, capitaine Ravaud, — continua-t-il d'un ton de dignité, en tendant la main à l'étranger. — Les raisons que j'avais de me confiner pour le moment dans une solitude rigoureuse ne peuvent vous concerner en rien. Restez donc près du colonel, qui m'a déjà fait connaître son attachement à votre personne. De notre côté, nous tâcherons de vous rendre notre maison aussi agréable que possible... J'espère, notamment, vous fournir un ordinaire un peu plus substantiel que celui du simple soldat, et vous offrir une couche plus convenable que celle que vous avez choisie vous-même.

— Pour ce qui regarde l'ordinaire, monsieur, — répliqua Ravaud avec le même flegme, — vous avez toute liberté ; mais, quant aux matelas, j'y tiens particulièrement, et je vous prie de ne rien changer aux petites dispositions que j'ai jugé à propos de prendre déjà.

— N'en parlons plus, n'en parlons plus, — répliqua le comte en réprimant avec effort un nouveau mouvement de dépit ; — vous agirez comme vous l'entendrez.. Mais, si vous êtes mal, vous n'aurez pas du moins à vous reprocher longtemps de n'avoir pas accepté mes offres, car demain matin, ma famille et moi, nous sommes dans la nécessité de partir pour la France.

— Demain ! — répéta le vicomte avec étonnement.

— Quoi ! mon père, — demanda la jeune femme, — vous voulez...

— Demain, — répéta monsieur de Rancey d'un ton péremptoire ; — que tout le monde se tienne prêt... Mes enfans, — ajouta-t-il, — je vous laisse le soin de faire les honneurs de la maison. Pour moi, j'ai des arrangemens à prendre que notre prochain départ ne me permet pas d'ajourner. Nos hôtes m'excuseront.

En même temps il salua et rentra dans la maison sans pouvoir cacher tout à fait un mécontentement profond. Après son départ, le vicomte et la vicomtesse échangèrent quelques mots à voix basse, tandis que Ravaud disait au colonel, en essuyant son visage baigné de sueur :

— Ah ! Verneuil, Verneuil, à quelle humiliation me suis-je exposé pour vous ! Mais je m'y attendais, car j'étais sûr qu'on ne me verrait pas ici d'un bon œil, et je m'étais résigné d'avance à supporter les avanies. Ce vieil aristocrate m'a reçu comme ces lâches bourgeois des villes italiennes, qui commençaient toujours par nous tirer des coups de fusil quand nous arrivions chez eux, et qui finissaient par nous servir leurs meilleurs vins et par laver nos guêtres quand ils nous voyaient les plus forts... Enfin me voici dans la place, et je gage que je trouverai bientôt moyen de me venger... Patience !

XIV

L'APPARITION.

Le reste de la journée se passa sans encombre ; le souper fut même assez gai, grâce à Ravaud, qui se mettait à l'aise comme si sa présence eût été fort souhaitée au val Perdu. A la vérité, le comte lui-même paraissait avoir tout à fait pris son parti de cette intrusion scandaleuse, et, pendant le repas, où les meilleurs vins de France et d'Allemagne ne furent pas épargnés, l'ami d'Armand avait été particulièrement l'objet de ses attentions. A l'issue du souper, monsieur de Rancey, prétextant encore la nécessité de se préparer au voyage du lendemain, rentra chez lui ; les deux militaires, après avoir demandé poliment congé à leurs hôtes, se mirent en devoir de se retirer dans la chambre qu'ils devaient occuper en commun.

Il était déjà tard, et, depuis le retour de la nuit, le colonel était retombé peu à peu dans son humeur noire. Ravaud, au contraire, légèrement ému par ses libations nombreuses, se montrait bruyant et causeur. Au moment où, précédés d'un domestique qui portait un flambeau, ils traversaient le vestibule pour gagner l'escalier, quelqu'un qui se tenait dans l'ombre souhaita d'une voix douce une bonne nuit au colonel.

— Une bonne nuit, monsieur Guillaume ? — répéta Verneuil avec un sourire mélancolique en reconnaissant le confident du comte ; — croyez-vous que cette nuit, comme les autres, puisse être bonne pour moi ?

— Oui, monsieur le chevalier, — répliqua l'intendant à voix très basse, — si vous vous souvenez de mes avis.

— De quels avis parlez-vous ?

Mais Guillaume posa un doigt sur sa bouche et disparut précipitamment, comme s'il eût craint d'en trop dire.

Les bavardages de Ravaud, qui parlait à haute voix en montant l'escalier, l'empêchèrent de remarquer ce petit incident. Quand on fut arrivé à la porte de la chambre, le capitaine arracha la bougie des mains du domestique, le congédia sans beaucoup de cérémonies, et les deux amis se trouvèrent enfin seuls.

Néanmoins ils ne se pressèrent pas d'échanger leurs idées. Armand s'était assis, et, la tête appuyée sur sa main, il réfléchissait en silence aux paroles ambiguës de monsieur Guillaume. Pendant ce temps, Ravaud, tout en chantonnant un air bachique, remplaçait ses bottes par de légers escarpins, sa longue redingote bleue par une veste du matin. Puis il tira de sa valise une paire de pistolets anglais, et, après en avoir renouvelé l'amorce, il les déposa sur la table en disant gaiement :

— Et maintenant, mon cher colonel, quand vous voudrez, nous commencerons la chasse aux fantômes.

— Que dites-vous, Ravaud ? — demanda Verneuil en sortant de sa rêverie ; — quel est donc votre projet ? vous ne prétendez pas vous servir de ces armes ici, cette nuit ?

— Qui sait ? si nous avons réellement affaire à des êtres de l'autre monde, ils doivent se soucier fort peu de nos moyens d'attaque ; si au contraire nous sommes joués par des gens de celui-ci, il ne serait pas mal de leur prouver que le jeu est dangereux.

— Mais songez-vous aux accidens qui peuvent résulter de l'emploi de pareilles armes dans une maison amie, aux suites possibles d'une méprise, d'un mouvement précipité ?... Serrez ces pistolets, monsieur ; serrez-les, je vous en prie.

— Comme vous voudrez, colonel, — reprit Ravaud avec humeur ; — mais je comptais vous trouver moins scrupuleux envers ceux qui se raillent impudemment de vous.

— Quoi ! vous persistez à croire...

— Je persiste à croire que, depuis le joli petit garçon que vous teniez ce soir sur vos genoux jusqu'au vieux grand-père, tout le monde agit dans le même but, obéit au même mot d'ordre, pour vous faire tomber dans quelque piége. On chuchote en vous regardant, on échange des signes sans fin ; tout ce qui vous arrive, tout ce que l'on vous dit, paraît calculé d'avance... Vous ne voyez pas cela, vous ; mais moi, j'ai de bons yeux ; et, si je ne me trompe, on les redoute déjà. Avez-vous remarqué comme le vieux cherchait à me griser ce soir en me versant rasade sur rasade, en mêlant sans cesse le rouge et le blanc, de manière à bouleverser ma pauvre tête ? De par tous les diables ! il a réussi à moitié... néanmoins, je me suis aperçu de sa charitable intention ; j'en ai conclu que l'on vous préparait quelque nouvelle momerie pour la nuit, et qu'on ne serait pas fâché de me mettre dans l'impuissance de vous assister quand le moment serait venu.

— J'ai beau chercher, Ravaud, je ne devine pas dans quel but on se plairait à me tourmenter si cruellement ; et, à moins que vous ne parveniez à m'expliquer...

— Je ne vous expliquerai rien du tout, colonel, car je ne puis me donner à moi-même la moindre explication raisonnable de ce qui se passe ici... Seulement, nous avons affaire à un vieil original, têtu comme un mulet, et dans la tête duquel peuvent s'implanter les idées les plus biscornues... Mais vos persécuteurs vont sans doute se remettre à l'œuvre, il est temps de nous préparer à les recevoir.

— Vous pensez donc, Ravaud, que je dois m'attendre

encore à quelque apparition dans le genre de celle de la nuit passée?

— J'oserais presque dire que j'en suis sûr. — Le colonel s'approcha de la fenêtre. Le ciel était noir et chargé de nuages ; la lune ne se montrait pas, et la campagne était plongée dans une profonde obscurité. Verneuil en fit l'observation d'un air pensif. — Raison de plus pour qu'on vous donne une nouvelle représentation de la comédie d'hier ; elle sera plus facile à jouer.

— Mais savez-vous bien, Ravaud, — dit Armand avec agitation, — que c'était vraiment Galatée que j'ai revue la nuit dernière?... Oh! c'était bien elle ; j'ai reconnu ses traits, quoiqu'ils fussent pâles et amaigris ; c'était sa tournure, son attitude triste et gracieuse...

— Permettez-moi de vous dire, colonel, que je ne me fie pas à vous... La nuit, la moindre ressemblance de costume peut aisément faire illusion, surtout quand on a la tête montée... Enfin vous devez souhaiter comme moi l'éclaircissement de tous ces mystères, et nous y arriverons, je vous le promets, si vous voulez vous laisser conduire. Voici mon plan : nous allons éteindre cette lumière, puis je descendrai dans la cour au moyen des espaliers de la vigne, et j'irai me mettre en embuscade dans un massif de rosiers et de chèvrefeuilles, à quelques pas seulement du grand oranger. J'ai parfaitement examiné les lieux, et je saurai prendre mes dispositions malgré l'obscurité. Pendant ce temps, vous resterez à la fenêtre, comme hier, et vous attendrez que l'ombre, le spectre, vous apparaisse à l'endroit accoutumé. Si notre revenant se montre, je m'emparerai de lui, et il faudra qu'il soit bien leste ou bien vigoureux pour m'échapper. Au premier appel, escaladez lestement la fenêtre à votre tour, et venez me joindre. Si alors nous n'avons pas le mot du logogriphe, je veux être fusillé!

— Ravaud, — répliqua le colonel en secouant la tête, — vous ne découvrirez rien.

— Bon! vous voilà encore avec vos idées superstitieuses! Mais essayons, et, si je ne réussis pas, vous serez en droit de penser ce qu'il vous plaira... Voyons, Armand, — continua-t-il avec une certaine rudesse cordiale, — soyez homme, morbleu! souvenez-vous de vos résolutions d'aujourd'hui. En vérité, ces terreurs de vieille femme sont indignes de vous.

— Vous avez raison, Ravaud, — répliqua Verneuil enfin convaincu. — Mon bonheur est intéressé à ce que je déjoue une supercherie qui peut me couvrir de ridicule... Eh bien! je consens à tout ; seulement vous me promettez de ne me faire aucun éclat, de n'user d'aucune violence inutile...

— C'est entendu ; fiez-vous à ma prudence... A l'ouvrage donc, car nous perdons un temps précieux.

Il souffla la bougie, après avoir préparé néanmoins ce qu'il fallait pour la rallumer promptement ; puis, s'aidant du treillis de la vigne, il descendit sans accident dans le jardin, où il se glissa d'un pas furtif.

Armand de Verneuil s'était accoudé sur l'appui de la fenêtre. Peu à peu ses yeux s'habituèrent à l'obscurité, et il parvint à reconnaître vaguement quelques-uns des objets environnans ; le grand oranger apparaissait comme une masse noire et compacte, arrondie par le haut, et les vitres de la serre envoyaient encore un reflet terne et blafard. Tout le reste se confondait en masses sombres, d'où l'imagination pouvait faire surgir les formes les plus monstrueuses et les plus effrayantes.

Un long espace de temps s'écoula, et le capitaine Ravaud n'avait donné aucun signe de sa présence dans le jardin ; sans doute, tapi derrière une touffe d'arbustes, il se tenait prêt à s'élancer quand le moment serait venu. De son côté, Verneuil, livré à lui-même, retombait insensiblement sous le coup des idées rétrospectives que cette veille nocturne était si bien faite pour lui inspirer. Ses souvenirs de Galatée lui revenaient en foule ; il songeait combien de fois, à pareille heure, à cette même place, il

avait attendu la bergère ; et son cœur se serrait à la sée de ne plus la revoir.

Tout à coup il crut entendre derrière lui un léger bruit, comme celui d'une porte qui s'entr'ouvre avec précaution. Il se retourna vivement ; mais la plus complète obscurité régnait dans la chambre, et il ne vit rien. Après un moment d'attention, il soupira et reprit sa place à la fenêtre.

Alors, soit réalité, soit illusion, il lui sembla que son soupir était répété faiblement à l'autre extrémité de la chambre. Il regarda de nouveau, il n'aperçut rien encore.

Enfin une voix douce et plaintive appela près de lui d'une manière distincte :

— Armand de Verneuil!... Armand! — Le colonel fit un pas en avant, les bras tendus, les cheveux hérissés sur la tête ; il avait reconnu de manière à ne pouvoir s'y tromper la voix de Galatée. — N'avancez pas, — reprit-on, — ou je disparaîtrai, et vous ne saurez pas ce que j'ai à vous dire.

Verneuil resta immobile.

— Qui êtes-vous? — balbutia-t-il avec effort ; — au nom de Dieu! je vous adjure de me dire qui vous êtes?

— Je suis celle que vous avez vue du haut du rocher Blanc se précipiter dans le lac du val Perdu, il y a six ans!

Cette réponse devait naturellement raviver dans l'esprit troublé du colonel les idées superstitieuses qui y germaient depuis la veille ; mais, par un bizarre effet de la contradiction humaine, il éprouva un sentiment tout opposé.

— A-t-on réfléchi, — demanda-t-il avec colère, — au danger de choisir un pareil sujet de plaisanterie? Que l'on prenne garde de me pousser à bout et de me mettre dans la nécessité d'employer la force pour savoir...

— Vous menacez, colonel Verneuil, et cependant, je le sais, vous avez reconnu ma voix... on le devine au seul tremblement de la vôtre.

L'observation frappait juste, et Armand en fut un moment réduit au silence.

— Cette voix, — répliqua-t-il enfin, — frappe sans cesse mon oreille depuis que je suis de retour ici ; une fois déjà j'ai cru la reconnaître dans celle d'un jeune enfant, puis dans les sons inarticulés d'une pauvre sourde-muette ; quoi d'étonnant que je croie l'entendre encore Après une nouvelle pause, on demanda avec émotion :

— Ce jeune enfant dont vous parlez n'a-t-il pas trouvé le chemin de votre cœur par cette seule circonstance qu'il ressemblait à... à une personne qui autrefois vous était chère?

— Que vous importent mes affections ou mes haines? — répliqua le colonel d'un ton d'impatience.

— Vous êtes irrité, faut-il que je me retire?

— Oh! non, non, restez... Malgré l'étrangeté de cette aventure, il y a une sorte de charme irrésistible que je ne saurais définir. Je ne puis ni vous voir ni vous toucher ; vos paroles me confondent et m'épouvantent, et cependant j'éprouve du bien-être à vous savoir près de moi.

— Vous m'aimez donc encore? — reprit-on avec vivacité.

— Homme ou femme, ange ou démon, voulez-vous me rendre fou?

— On oublie si vite! — continua l'inconnue en soupirant ; — autrefois vous juriez un amour éternel à une pauvre fille qui vous avait donné son âme, qui voulut mourir quand elle se crut lâchement abandonnée par vous, et aujourd'hui vous allez chasser de votre cœur jusqu'à son souvenir. Dans un but de fortune et d'ambition, vous allez accorder à une autre ce titre d'épouse qui lui était dû à elle ; puis vous aimerez comme vous avez aimé...

— Non, cela n'est pas! cela ne sera jamais! — interrompit Verneuil impétueusement. — Nulle autre femme n'occupera jamais dans mes affections la place de ma chère Galatée... Mais où me laissé-je entraîner? — continua-t-il avec une espèce de colère contre lui-même ; — de quel droit vient-on me demander compte de mes sentimens les plus intimes, les plus délicats? Encore une fois, il y a de l'imprudence à braver ainsi un homme robuste et résolu.

— Eh! quel usage pourrait faire le colonel Verneuil de son courage et de sa force envers sa malheureuse amie? — dit l'inconnue avec un accent de reproche.

— Encore! — répéta Armand.

Cependant ses jambes fléchissaient sous lui et ses dents claquaient.

— Vous ne me croyez pas? — répliqua-t-on; — je vais donc dissiper vos doutes... Une nuit, à quelques pas d'ici, sous le grand oranger, vous eûtes avec Galatée une conversation que nulle créature humaine n'a pu entendre, que nulle bouche n'a pu répéter. Dans cette nuit solennelle, vous jurâtes à Galatée de ne jamais épouser d'autre femme qu'elle, et Galatée à son tour vous jura de ne jamais appartenir à un autre qu'à vous. Vous lui offrîtes de lui écrire ce serment et de le signer de votre sang; la pauvre enfant refusa, elle ne savait pas lire... Vous en souvenez-vous?

— C'est vrai, mon Dieu! c'est vrai! — répliqua Armand glacé de terreur.

— Alors, — continua la voix, — vous tirâtes de votre doigt une bague en cornaline, dernier présent de votre mère mourante, et vous la passâtes au doigt de Galatée en lui disant : « Voici votre anneau de fiançailles; mort ou vivant, je suis à vous. » Armand de Verneuil, avez-vous prononcé ces paroles ? — Cette fois, le colonel n'eut pas la force de répondre. — Étendez la main, — reprit-on. — Verneuil obéit machinalement, et il sentit une main douce effleurer la sienne. — Galatée vous rend votre serment, — dit l'inconnue avec un accent douloureux. — Cet anneau, vous l'offrirez librement à la femme que vous avez choisie... Adieu.

La voix s'affaiblissait comme si la personne qui parlait s'éloignait lentement. Armand, exalté jusqu'à la frénésie, s'avança les bras ouverts, en s'écriant :

— Galatée! ma chère Galatée!... c'est donc toi?

— Adieu! — murmura l'interlocutrice tristement.

Verneuil s'élança vers l'endroit où la voix se faisait entendre; mais il sentit ses pieds arrêtés par un obstacle invisible; ses bras n'embrassèrent que le vide, et il tomba évanoui en poussant un cri déchirant, qui retentit au loin dans le silence de la nuit.

Quand Armand revint à lui, il se trouva sur son lit. Une bougie éclairait la chambre, et Ravaud, debout à côté, lui prodiguait les soins les plus empressés. Les vêtemens légers du capitaine étaient humides de rosée, et cependant une sueur abondante coulait sur son front balafré.

— Eh bien! cela va-t-il mieux, mon cher Armand? — demanda-t-il en voyant enfin le malade rouvrir les yeux. — Le diable m'emporte si jamais j'ai vu une pâmoison aussi tenace! pendant un moment je vous ai cru mort... Mais buvez ceci, ça achèvera de vous remettre du cœur au ventre.

Il insinua entre les dents serrées du colonel le goulot d'un flacon d'eau-de-vie, et Verneuil dut en avaler quelques gouttes, malgré sa résistance. Cette liqueur réconfortante, bien qu'elle ne fût pas précisément ce qui convenait le mieux à son état, le ranima un peu.

— Sommes-nous seuls, capitaine? — demanda-t-il en promenant autour de lui des yeux égarés; — êtes-vous sûr que nous soyons seuls?

— Et qui diable pourrait pénétrer ici, à moins de prendre le chemin que j'ai pris moi-même, celui de la fenêtre? La porte est fermée à double tour, et personne ne saurait entrer sans notre permission.

— On est entré pourtant, et je n'oublierai jamais la visite que j'ai reçue ici, tout à l'heure... Mais où étiez-vous, Ravaud, pendant que j'avais si grand besoin de votre présence et de vos encouragemens?

— Ma foi! Verneuil, — répliqua Ravaud d'un air embarrassé, — je commence à croire comme vous que cette maudite maison est ensorcelée. En vous quittant, je suis

allé me mettre en embuscade dans un buisson à quelques pas du grand oranger; mais voyez le guignon! A peine y étais-je installé, que j'ai senti une invicible envie de dormir. Sans doute le vin que j'ai bu ce soir était d'une qualité particulièrement capiteuse, ou bien, ce qui est plus probable, on y a mêlé quelque drogue soporifique, car j'ai tenté vainement de lutter contre le sommeil. D'ailleurs ma mission m'interdisait toute espèce de mouvement pour faire circuler mon sang engourdi; je suis donc resté sottement étendu sur l'herbe humide jusqu'au moment où le cri que vous avez poussé m'a réveillé en sursaut. Alors je suis parvenu à secouer un peu l'espèce de torpeur qui s'était emparée de moi, et j'ai grimpé jusqu'ici à grande peine... En ce moment encore, je ne sais ce que j'ai; ma tête bourdonne comme un pot d'eau sur le feu et je puis à peine me soutenir.

En même temps il étendit les bras et bâilla à se démonter la mâchoire.

— Et quand vous êtes entré ici, Ravaud, — demanda le colonel avec agitation, — n'avez-vous vu personne?

— Eh! oui vraiment aurais-je pu voir! la chambre était noire comme un four... Je vous ai appelé, vous n'avez pas répondu. Je me suis empressé d'allumer la bougie, et je vous ai trouvé les pieds entortillés dans le matelas qui devait me servir de lit, le visage contre terre, pâle et sans mouvement comme un cadavre. La peste me crève! Armand, j'ai été sur le point de perdre la tête en vous voyant dans cet état... Mais enfin vous voici mieux, et je vous prie de m'expliquer ce qui s'est passé pendant que je ronflais là-bas sur le gazon. Il s'agit encore de quelque revenant, j'en jurerais! — Verneuil fit un signe de tête. — Que l'enfer qui les a vomis les ravale et les garde dans son maudit ventre! — s'écria le capitaine en serrant les poings. — Vraiment, mon pauvre colonel, si cela dure seulement vingt-quatre heures de plus, vous y laisserez la peau... Mais exposez-moi la chose; vous n'êtes pas homme à faire ainsi la carpe pour une bagatelle. — Armand lui conta d'une voix faible, non sans des soubresauts et des tressaillemens fréquens, l'étrange visite qu'il venait de recevoir, et sa conversation avec la personne inconnue. Ravaud écoutait bouche béante. — Je m'y perds, parole d'honneur! — dit l'honnête capitaine en laissant tomber ses bras sur le lit; — c'est la bouteille à l'encre; je barbote, je n'y suis plus du tout... A moins, — continua-t-il d'un air de réflexion, — que vous soyez décidément sujet à rêver tout éveillé!

— Oh! non, non, Ravaud, cette fois, j'en suis certain, — répliqua Verneuil avec assurance : — pendant que cette voix surnaturelle me parlait, je me souvenais de vos conseils; malgré mon trouble, j'avais le courage d'analyser mes impressions. Non, mes sens ne m'ont point trompé, et je jouissais en ce moment de crise du plein exercice de mes facultés. D'ailleurs, — ajouta-t-il en dégageant son bras des couvertures, — ne puis-je pas vous fournir une preuve irréfutable de la vérité de mes assertions? Regardez.

Et il montrait à son doigt la bague en cornaline qu'il avait recouvrée d'une manière si incompréhensible.

Cette preuve était décisive, et Ravaud se remit à se gratter le front, afin de faciliter le travail de sa pensée.

— Cette persécution impitoyable, — dit-il enfin, — ne peut évidemment avoir d'autre cause que la rancune de votre parent pour vos anciens torts envers lui, et, selon toute probabilité, la dame voilée qui a ramené de France est l'instrument de sa lâche vengeance. Certainement la femme en question se trouve encore au val Perdu, quoique les domestiques se soient montrés d'une discrétion incroyable à cet égard. C'est sans doute quelque aventurière à laquelle le comte de Rancey aura trouvé une grande ressemblance avec votre Galatée, et qu'il aura dressée pour servir ses projets. On a vu des exemples de ces ressemblances singulières exploitées par des intrigans... Vous êtes bien jeune, colonel, pour avoir entendu parler de la fameuse affaire du collier de l'ex-reine Marie-

Antoinette; mais il est notoire qu'une actrice du nom d'Oliva parvint à se faire passer pour la reine dans les jardins mêmes de Trianon, et qu'elle dupa ainsi ce pauvre benêt de cardinal de Rohan. — Armand secoua la tête avec incrédulité. — Eh! que diable! — s'écria Ravaud impatienté, — quand on ne trouve pas d'explications raisonnables, il faut bien en chercher de romanesques... Enfin, mon ami, j'avoue que je suis à bout de suppositions; mais, à votre place, j'emploierais un moyen énergique pour en finir sans retard.

— Quel est ce moyen, Ravaud? de grâce, conseillez-moi, car je suis incapable de penser et d'agir par moi-même.

— Demain matin, je prendrais un des pistolets qui sont là, et j'irais trouver le comte de Rancey... je lui poserais l'instrument sur le front, et je lui annoncerais poliment l'intention de lui brûler la cervelle s'il ne m'apprenait à l'instant la cause de ces indignes momeries. Je parie cent contre un que le vieux se le tiendrait pour dit, et vous donnerait le mot de l'énigme sans rechigner davantage.

— Menacer un vieillard, mon parent, mon tuteur! — balbutia-t-il; — ce serait lâche... Si pourtant, comme la pensée m'en est venue déjà, — continua-t-il avec égarement, — un pouvoir occulte, indéfinissable, dont l'existence confond la raison humaine, s'était réellement manifesté à moi, pour me rappeler mon devoir! J'ai douté toute ma vie... mais que sais-je? quand l'intelligence est vaincue, il est bien permis de penser...

— Ah! si nous retombons dans la sorcellerie, — interrompit Ravaud avec humeur, — je retire mon épingle du jeu, et il nous vaudrait mieux dormir.

Armand lui adressa un sourire triste et lui serra la main.

— Excusez-moi, mon vieux camarade, — lui dit-il; — je dois vous faire pitié, je le sens; mais vous ignorez combien un amour profond change notre nature et peut aisément fausser nos facultés... Enfin nous causerons plus à loisir de tout ceci demain matin. Vous paraissez accablé de sommeil, et moi-même je me sens fort abattu... Adieu donc: demain, au jour, nous serons mieux en état de reconnaître la vérité.

Le capitaine ne put que balbutier de faibles objections contre cette proposition. En dépit de lui-même, ses paupières étaient appesanties et ses sens engourdis. Il se résigna donc à suivre le conseil d'Armand; laissant la bougie allumée pour le cas où le spectre jugerait à propos de se montrer de nouveau, il se jeta tout habillé sur son matelas, et ne tarda pas à s'endormir d'un sommeil presque léthargique.

Le reste de la nuit se passa tranquillement. Néanmoins Verneuil, dévoré d'une fièvre ardente, ne fit que s'agiter en prononçant par intervalles des mots entrecoupés et sans suite. Dès que le jour parut, il se leva avec effort, alla appeler son domestique, couché dans une pièce voisine, et l'envoya s'informer si monsieur de Rancey était visible. Le domestique revint bientôt annoncer que le comte était déjà sur pied et s'occupait des préparatifs du départ.

Armand acheva de s'habiller avec le secours de cet homme et le congédia. Puis il se prépara à quitter la chambre, quoiqu'il fût blanc comme un suaire et que ses jambes eussent peine à le porter. Ravaud, assis sur son matelas, l'observait avec un vif intérêt.

— Colonel, — demanda-t-il, — que comptez-vous faire?

— Vous le saurez, mon ami, accompagnez-moi; car aussi bien il me serait impossible de marcher sans aide.

Ils descendirent en silence. Dans la salle basse, ils trouvèrent monsieur de Rancey, son fils et sa fille, entourés de paquets qu'on se disposait à charger sur une lourde berline stationnant dans la cour.

À la vue du colonel, le vicomte et la vicomtesse ne purent retenir un cri d'effroi. Le vieillard lui-même eut comme un mouvement de regret.

— Grand Dieu! mais il se meurt, — dit Estelle en regardant son père.

— Est-il possible, — dit le vicomte, — qu'en si peu de temps... Asseyez-vous, mon cher colonel, — ajouta-t-il en avançant un siége avec empressement, — vous respirez à peine.

Armand s'assit. Monsieur de Rancey, qui avait eu le temps de se remettre d'une première impression, s'approcha à son tour:

— En effet, monsieur de Verneuil, — dit-il froidement, — vous paraissez avoir mal dormi. Seriez-vous malade? Voilà une circonstance fâcheuse au moment de nous mettre en voyage.

— Monsieur le comte, — répliqua le colonel d'un ton ferme, — il ne peut plus être question d'un voyage projeté... Je vous remercie de vos bonnes intentions à mon égard, mais je n'en profiterai pas.

— Y songez-vous, Armand? et votre mariage qui manquera peut-être, et votre fiancée qui vous attend.

— Elle m'attendra vainement, monsieur, car j'ai une fiancée dont les droits sont plus anciens et plus sacrés.

Le vieillard le regarda fixement.

— Quelle est cette nouvelle folie, colonel, — dit-il d'un air mécontent; — la fiancée dont vous parlez peut-elle entrer en parallèle avec mademoiselle Louise de Sancy, une des plus belles, des plus riches, des plus nobles héritières de France?

— Avec de pareils avantages, mademoiselle de Sancy est en droit d'exiger de son futur époux un attachement réel que je ne saurais lui apporter.

— Mais avez-vous bien réfléchi, mon cher enfant, aux suites probables d'une telle rupture? Votre avenir militaire peut en recevoir une grave atteinte.

Ravaud étouffa à moitié un gros juron.

— Peu m'importent maintenant la gloire et la fortune! — reprit le colonel avec abattement; — je ne pense pas que désormais mon existence doive être bien longue... Si l'on me refusait l'honneur de chercher la mort à la tête du régiment que je commande, nul du moins ne pourrait m'empêcher de la chercher dans les rangs obscurs du soldat.

— L'entendez-vous, monsieur, l'entendez-vous? — s'écria Ravaud hors de lui en s'adressant au comte. — Voilà où ont abouti ces persécutions inouïes, ces apparitions, ces fantômes de contrebande! Il parle de braver l'empereur comme de boire un verre d'eau fraîche.

— Monsieur le capitaine Ravaud me permettra de traiter librement avec mon parent de nos affaires de famille, — interrompit le comte avec beaucoup de dignité. — Armand de Verneuil, — ajouta-t-il en s'adressant au colonel, — vous ne me contesterez peut-être pas le droit de vous demander la cause d'une résolution aussi désespérée; quelle est cette personne pour laquelle vous renoncez si aisément à votre brillante carrière et à la faveur d'un protecteur tout-puissant?

— Une femme dont un seul regard eût pu autrefois me récompenser amplement de ces sacrifices, et qui maintenant ne règne sur moi que par le souvenir... car elle est morte!

Une espèce de frémissement courut parmi les auditeurs.

— Vous ai-je bien compris? serait-ce de Galatée, de ma malheureuse pupille, que vous voulez parler?

— C'est d'elle, en effet, monsieur le comte; je l'aimais, je lui avais juré de n'épouser jamais d'autre femme qu'elle; et, pour gage, je lui avais passé au doigt l'anneau de ma mère. Cette promesse, je n'avais pas cru l'éluder en consentant à donner mon nom à la jeune fille inconnue dont une volonté souveraine m'imposait l'alliance... mais je m'étais trompé; la nuit dernière, les morts sont sortis du tombeau pour me reprocher ma faute... Je resterai toujours le fiancé de Galatée.

Il y eut un moment de silence à la suite de cette déclaration explicite. Mais Ravaud ne put contenir longtemps son indignation, et s'écria avec ironie en se tournant vers le comte :

— Eh bien! monsieur, êtes-vous enfin satisfait du résultat de vos machinations? votre malheureux parent vous semble-t-il avoir suffisamment la cervelle à l'envers?... Et l'on croit que je laisserai faire, moi; que je permettrai plus longtemps de torturer et de mystifier un brave camarade! non, de par la peau du diable!... A nous deux, mon vieux monsieur, si vous le voulez bien... Vous allez nous dire sur-le-champ quel est le but des sottes mascarades qu'on voit ici depuis l'arrivée du colonel Verneuil; oui, vous le direz, entendez-vous? quand je devrais, pour vous y forcer, mettre le feu aux quatre coins de cette bicoque, et assommer tous ceux qui tenteraient de la défendre!

Les assistans paraissaient stupéfaits de cet éclat, que les circonstances justifiaient pourtant jusqu'à un certain point.

— Au nom du ciel! modérez-vous, — dit la vicomtesse à voix basse en se glissant derrière Ravaud; — vous allez tout perdre.

— Capitaine, — dit Verneuil d'un ton de reproche, — est-ce ainsi que vous tenez vos promesses? Mais vous rétracterez, je l'espère, ces paroles inconvenantes, et vous demanderez pardon à monsieur le comte...

— J'en suis bien fâché, Armand, mais je ne rétracterai rien, et je n'ai pas l'habitude de demander pardon; vous êtes mon chef au régiment, mais ici vous n'êtes que mon égal.

Monsieur de Rancey conservait une attitude calme et dédaigneuse.

— Le capitaine Ravaud oublie où il est et à qui il parle, — dit-il.

— Je n'oublie rien et je sais ce que je fais, — s'écria le militaire hors de lui; — je me conduis comme un brutal et un grossier soldat, c'est possible! j'en rendrai raison plus tard à vous, à votre fils, à Armand lui-même, à l'univers entier, s'il le faut... mais, mille tonnerres! je dirai ce que j'ai sur la conscience... Y a-t-il du bon sens de se conduire envers un parent comme on s'est conduit envers ce pauvre Verneuil! Il est à peine depuis quarante-huit heures dans cette baraque d'enfer, et il est déjà à moitié mort et à moitié fou... Mais je ne laisserai pas achever ce qu'on a si bien commencé. Monsieur le comte de Rancey, vous allez vous expliquer sur-le-champ; vous allez nous faire connaître le motif de ces ridicules pasquinades que l'on a eu le malheur de prendre au sérieux... Voyons, parlez; il faut en finir...

— Et qu'arrivera-t-il, monsieur, — demanda le vieillard avec hauteur, — si je ne pouvais ou si je ne voulais répondre à une sommation aussi insolente?

— Ce qui arriverait? — répéta Ravaud, l'œil en feu et la bouche écumante, — vous allez le voir, vieil insensé, qui sacrifiez l'existence et la raison d'un des plus braves soldats de l'empereur à de stupides chimères!

Il s'élança vers monsieur de Rancey avec impétuosité, comme pour le frapper. La vicomtesse poussa des cris perçans. Le vicomte et Armand lui-même se jetèrent sur Ravaud pour le retenir; mais ils fussent difficilement venus à bout du capitaine, dont la force était doublée par la rage, si monsieur Guillaume et quelques domestiques n'étaient entrés dans la salle attirés par le bruit. Avec leur aide, Ravaud fut assis de force dans un fauteuil; on ne lui laissa la liberté de ses mouvemens que lorsque, épuisé de fatigue, haletant et déjà repentant, il eut donné sa parole de renoncer à la violence.

Le comte de Rancey était resté froid et impassible pendant cette scène; on eût dit que des réflexions amères l'empêchaient de ressentir toute l'indignation qu'elle devait naturellement lui inspirer. Quand il eut vu le capitaine tout à fait calme, il fit signe aux domestiques de se retirer, et il dit avec dignité :

— Monsieur Ravaud, avant de m'outrager ainsi dans ma propre maison, en présence de ma famille, aurait dû songer peut-être que son ami ne tirerait aucun avantage de cet inqualifiable procédé.. Ne vous défendez pas, colonel

de Verneuil; pour votre honneur, je veux croire que vous êtes entièrement étranger à cet acte de lâcheté... Cependant vous ne trouverez pas mauvais que je refuse de m'exposer de nouveau à d'offensantes démonstrations.

Il salua et quitta la salle.

— Ah! monsieur, qu'avez-vous fait? — dit la vicomtesse à Ravaud en fondant en larmes; — cette épreuve était la dernière, et bientôt... Mais voilà mon père irrité de nouveau; et si vous saviez combien il est opiniâtre dans ses colères!

— Madame, — dit le vicomte d'un ton grave, — c'est à moi de demander compte au capitaine Ravaud de ce qui vient de se passer, et nous traiterons tout à l'heure cette affaire à loisir... Le plus pressé, pour le moment, est de voir mon père et de tâcher de l'apaiser. Venez donc et prévenons, s'il est possible, de nouveaux malheurs.

Il prit la main de sa femme et l'entraîna précipitamment.

Restés seuls, Armand et le capitaine gardèrent un pénible silence sans se regarder; enfin Ravaud se leva et s'approcha de son ami, en lui disant d'un air humble et contrit :

— Eh bien! Verneuil, est-ce que vraiment vous m'en voudriez pour...?

— Laissez-moi, — répliqua le colonel brusquement; — vous venez de briser en quelques minutes une affection de quinze années; tout est fini entre nous; laissez-moi.

— Allons, bien; me voilà dans de beaux draps! — dit Ravaud d'un ton piteux; — tout le monde tombe sur moi à la fois, parce que j'ai osé défendre en homme l'existence et le repos d'un brave camarade... Voyons, Armand, la main sur la conscience, pouvez-vous me garder ainsi rancune d'un excès d'amitié pour vous?

— Votre amitié est comme celle de l'ours de la fable, qui prend un pavé pour écarter les mouches... Mais il suffit; le capitaine Ravaud comprendra sûrement que, après avoir ainsi outragé le maître de cette maison, il serait sage à lui de ne pas s'exposer à de déshonorantes représailles.

— C'est juste, — reprit Ravaud avec amertume, — et, dans ce cas-là, je ne pourrais sans doute compter sur l'appui du colonel Verneuil... Eh bien! je pars, Armand. Je suis entré presque de force dans cette maison, espérant pouvoir vous être utile; j'en sors maintenant honteusement chassé pour avoir embrassé trop chaudement vos intérêts... vous vous en souviendrez peut-être un jour... Adieu.

Il tendit la main au colonel, qui ne la serra pas et détourna la tête. Les yeux de Ravaud devinrent humides; mais il salua en silence, et il allait s'éloigner quand la vicomtesse rentra. A l'air consterné de Ravaud, elle devina de suite de quoi il s'agissait.

— Ne nous quittez pas si vite, capitaine, — dit-elle en souriant; — vous n'êtes peut-être pas un aussi grand criminel que l'on a l'air de le croire, et je ne désespère pas de faire bientôt votre paix avec mon père; peut-être ne sera-t-il pas trop difficile sur les excuses qu'il est en droit d'attendre, car il paraît avoir enfin conscience de certains torts, sinon envers vous, du moins envers quelqu'un de votre connaissance.

— Ah! madame, — dit le pauvre Ravaud avec un gros soupir, — vous n'êtes pas monsieur de Rancey qui est ici le plus injuste et le plus sévère pour moi!

— Bah! courage, — répliqua la bonne petite femme; — votre ami, en ce moment aigri par la souffrance, pardonnera à tous ceux dont il aura cru avoir à se plaindre quand il sera complètement heureux. Et il le sera avant la fin de cette journée, je vous l'affirme.

— Heureux! moi? — dit Verneuil.

— Ne secouez pas ainsi la tête, mon cher cousin; oui, je vous le répète, aujourd'hui même vos chagrins finiront... Mais ne me questionnez pas; j'ai promis le secret, et je me sauve de peur de manquer à ma promesse... Pour vous, retirez-vous dans votre chambre, et tenez-vous prêt à vous rendre au pré des Anémones quand on vous fera prévenir.

— Au pré des Anémones ! — balbutia Armand ; — quel rapport peut avoir ce lieu sinistre avec...

— C'est l'ordre de mon père, et, aussi bizarres que soient ses fantaisies, on est habitué ici à s'y soumettre aveuglément... Faites comme nous, et cette fois vous ne vous en repentirez pas.

— Madame, — dit Ravaud timidement, — le colonel Verneuil est bien faible, et l'endroit dont vous parlez est éloigné...

— Eh ! le colonel n'a-t-il pas votre bras si robuste et si dévoué pour lui servir d'appui ?... D'ailleurs si sa démarche est chancelante quand il ira au pré des Anémones, je vous garantis qu'au retour il marchera d'un pas fier et assuré... Mais je finirais par en trop dire ; courage, Armand, courage !

Et elle s'enfuit.

Verneuil se perdait dans un chaos de réflexions contradictoires. Enfin il se leva, et, posant la main sur l'épaule de son ami, comme s'il n'y avait pas eu entre eux une récente querelle, il lui dit d'un air d'égarement :

— Ravaud, mon cher Ravaud, est-ce que je rêve encore ?

— J'espère que non, — répliqua avec émotion le brave militaire. — Je commence même à croire que vos prétendus rêves étaient des réalités.

Armand darda sur lui un regard de feu.

— Ravaud, — murmura-t-il, — auriez-vous aussi le soupçon que Galatée...

— Eh bien ! oui. Que le fait soit possible ou non, il me paraît résulter nécessairement de tout ceci que votre Galatée est encore vivante.

— Vivante ! dites-vous ? — répliqua le colonel en se jetant dans ses bras et en fondant en larmes ; — Galatée vivante !... Mes yeux m'auraient-ils trompé ? un miracle se serait-il accompli ?

— Miracle ou autre chose, c'est maintenant la seule explication raisonnable que je puisse trouver à ce qui vous arrive... Mais ne nous hâtons pas de nous réjouir ; le but des manœuvres du comte commence à m'apparaître assez clairement.... Défions-nous des pièges, Armand ; on veut peut-être encore nous tromper.

XV

LE PRÉ DES ANÉMONES.

Les deux amis, tout à fait réconciliés, étaient enfermés dans leur chambre et causaient avec chaleur, quand on gratta doucement à la porte. Ravaud alla ouvrir, et le petit Charles, dans sa plus pimpante toilette, les cheveux fraîchement bouclés, entra en sautillant. Il courut au colonel et lui baisa la main.

— Mon bon ami, — lui dit-il avec sa gentillesse naïve, — voulez-vous me permettre de vous conduire au pré des Anémones ?... il est temps.

— Quoi ! mon petit homme, — demanda Ravaud étonné, — est-ce vous qui devez nous servir de chef de file ? Vous êtes encore bien jeune pour marcher devant des officiers de l'empereur.

— Allons donc, capitaine, — reprit l'enfant en se dressant d'un air martial, — ne m'a-t-on pas dit qu'il y avait dans l'armée de l'empereur des tambours qui n'étaient pas plus grands que moi ?

— Bravo ! bien répondu ! — s'écria Ravaud émerveillé ; — sur ma parole ! ce petit drôle est un prodige pour son âge.

Et, prenant l'enfant dans ses bras, il lui râpa les joues avec sa rude moustache. Le colonel souriait.

— Pourquoi ne le suivrions-nous pas ? — dit-il ; — un pareil messager ne peut annoncer que joie et succès... Partons.

On descendit dans la cour. Aucune personne de la famille de Rancey ne se présenta ; le jardin et les alentours de la maison étaient déserts. L'enfant se dirigea résolûment vers l'avenue de tilleuls, et les deux militaires le suivirent en silence.

Le temps était beau ; néanmoins des nuages blancs passaient par intervalles sur le soleil et formaient dans le val Perdu mille accidens de lumière. Armand, dévoré d'impatience, cherchait à percer du regard les massifs d'arbres qui s'élevaient à droite et à gauche ; mais cette partie de la vallée paraissait abandonnée, comme le reste.

En désespoir de cause, il se tourna vers le petit Charles, qui marchait gaiement à son côté.

— Eh bien ! mon garçon, — lui demanda-t-il d'un ton caressant, — ne pouvez-vous me dire ce que nous allons voir là-bas au pré des Anémones ?

— Quoi ! vous ne le savez pas, mon bon ami ? — dit l'enfant en levant sur lui ses yeux aussi bleus que l'azur du ciel ; — il y a une grande, grande fête...

— Et qui assistera à cette fête, mon cher enfant ? — demanda Ravaud, devinant l'intention du colonel.

— D'abord, il y aura monsieur de Rancey, puis mon oncle le vicomte, puis ma tante la vicomtesse, et puis ma petite maman.

— Votre tante la vicomtesse, — interrompit Armand avec précipitation ; — que dites-vous donc, étourdi ? Est-ce que Estelle, c'est-à-dire la vicomtesse de Rancey, n'est pas votre mère ?

Charles sourit d'un air fin.

— Comme vous êtes enfant, mon bon ami ! — dit-il ; — vous savez bien que ma tante la vicomtesse est ma tante.

— Mais alors quelle est votre mère, à vous ? où demeure-t-elle ?

— Elle demeurait en France, là-bas, bien loin, bien loin ; mais elle est revenue depuis peu de jours... Elle est bien bonne pour moi ; toujours elle me prend sur ses genoux, et elle m'embrasse, elle m'embrasse...!

— Mais son nom ? Je vous ai demandé comment elle s'appelait.

— Elle s'appelle petite maman.

Armand regarda Charles pour s'assurer s'il ne répétait pas une leçon apprise d'avance ; mais l'adorable innocence empreinte sur le visage de l'enfant ne lui laissa aucun soupçon à cet égard. Il se tourna vers Ravaud :

— Avez-vous entendu ? — demanda-t-il avec agitation.

— Estelle n'est pas sa mère... Ami, comprenez-vous combien cette circonstance inconnue jusqu'ici peut me donner à penser ?

— Prenez garde, colonel ; nous avons déjà fait assez de suppositions passablement hasardées pour nous en abstenir désormais. Patience douc! nous n'attendrons pas longtemps.

— C'est juste, — murmura Verneuil en soupirant.

Ils continuèrent d'avancer en silence. Tout à coup Charles s'arrêta, et regarda la main d'Armand qui retenait délicatement la sienne.

— Mon bon ami, — dit-il d'un ton boudeur, — pourquoi donc avez-vous pris la bague de maman ?

Le colonel tressaillit.

— Quoi ! mon enfant, — demanda-t-il en lui montrant la bague en cornaline qu'il portait à son doigt, — ce bijou aurait-il appartenu à votre mère ?

— Oh ! je le reconnais bien ; quand nous étions là-bas en France, maman regardait souvent cette bague ; quelquefois elle la baisait et elle me la faisait baiser, puis elle pleurait.

— Plus de doutes, Ravaud ! — s'écria Verneuil dans une agitation extrême ; — en effet, quand je rapproche les événements et les époques, il me semble que cet aimable enfant, dont les traits me rappelaient ceux d'une personne chère, vers lequel je me sentais entraîné avec tant de force, pourrait être... Mais non, non, vous avez raison, — continua-t-il en repoussant Charles avec une sorte de colère, — ne nous arrêtons pas à de pareilles pensées ; le désenchantement serait trop affreux !

Et il se remit à marcher à grand pas. Ravaud le suivit en hochant la tête :

— Oui, oui, de par tous les diables ! la chose est assez claire maintenant, — grommelait-il ; — les momeries de ces derniers jours avaient pour but de réveiller une ancienne passion dans le cœur du pauvre colonel, et de le dégoûter adroitement du grand et riche parti choisi par l'empereur. Maintenant qu'il est bien pris, on va vouloir l'embâter d'une femme et d'un enfant qu'il aura oubliés dans son ancienne garnison ; il consentira à tout parce qu'il a la tête tournée, et sa fortune, son avenir militaire seront perdus... C'est là un méchant tour du vieux, une véritable trahison ; comment faire pour empêcher Armand de se sacrifier ? S'il n'y avait que la mère, on tâcherait... Mais il aime déjà cet enfant, et vraiment le drôle est gentil comme un amour.

Et, tout en grondant, l'honnête officier, qui voyait le petit Charles s'efforcer vainement de les atteindre, l'enleva dans ses bras et l'emporta avec toutes sortes de précautions pour ne pas le blesser aux épines et aux ronces du chemin.

On atteignit ainsi la lisière du pré des Anémones. Armand, qui marchait le premier, s'arrêta brusquement d'un air effaré. Ravaud se hâta de le rejoindre avec l'enfant, et tous ensemble contemplèrent avec étonnement un spectacle inattendu.

Ce lieu, autrefois si sauvage, avait maintenant un aspect imposant et animé. Des guirlandes de verdure couraient d'arbre en arbre autour de la prairie, et chaque tronc était en outre décoré de gros bouquets de fleurs fraîchement cueillies ; à voir cette prodigieuse quantité de festons, on s'expliquait à quoi les gens de service avaient été occupés depuis le matin. Mais ce qui attirait d'abord l'attention, c'était une grande tente de soie pourpre qui s'élevait sur le bord du lac, précisément au-dessus du petit monument commémoratif. La roche elle-même avait disparu sous de riches tentures garnies de dentelles, et formait un somptueux autel que dominait la croix. Un calice précieux et d'autres vases sacrés décoraient cet autel ; des cierges brûlaient dans de magnifiques candélabres d'argent ; et quand le vent soulevait par intervalle les voiles du fond, on apercevait le ciel lumineux et les eaux miroitantes de l'étang.

A l'entrée de la tente on avait étalé un tapis des Gobelins et deux coussins de velours à crépines d'or. L'un de ces coussins était inoccupé : sur l'autre était agenouillée une femme de mise élégante, mais soigneusement enveloppée d'une gaze épaisse qui la cachait tout entière. Debout, à son côté, se tenait un vieux prêtre catholique, revêtu de ses ornemens sacerdotaux ; il semblait attendre quelqu'un pour commencer une pieuse cérémonie. Le comte de Rancey, en habit à la française, décoré du cordon bleu qu'il avait reçu autrefois des mains de Louis XV, le vicomte et la vicomtesse, en brillans costumes de salon, occupaient des fauteuils derrière la dame voilée. Enfin monsieur Guillaume, son frère Victorin et un personnage grave qui semblait être un homme de loi, formaient à quelques pas un petit groupe immobile et respectueux.

Ce tableau, où la nature et l'art confondaient leurs magnificences ; ces riches étoffes et cette verdure émaillée de fleurs, ces bougies parfumées et ce ciel éblouissant, ces voiles de pourpre, ces ornemens d'or, en regard de cette fraîche prairie, de ces eaux tranquilles, de ces lointains pittoresques, étaient bien capables de frapper vivement l'imagination ; l'attitude solennelle des personnages qui environnaient la tente ajoutait encore à cette impression. Mais les regards d'Armand s'étaient portés exclusi-

vement sur la femme agenouillée au pied de l'autel, et son cœur avait bondi dans sa poitrine.

— C'est elle, — s'écria-t-il, — ce ne peut être qu'elle !

— C'est petite maman, — s'écria l'enfant en s'échappant des bras de Ravaud.

Et il se mit à courir vers le monument. Verneuil allait l'imiter ; le capitaine le retint :

— Je ne devine pas à quoi tend cet appareil, — dit-il tout bas ; — mais, de par le diable ! Armand, ne vous pressez pas trop de faire ce qu'on exigera de vous...

En ce moment, le comte s'avançait vers eux. Il devina les soupçons que Ravaud cherchait à inspirer au colonel, et il lui adressa un sourire dédaigneux :

— Je vois, — dit-il, — que monsieur Ravaud conservera jusqu'à la fin ses injustes défiances... Heureusement, je l'espère, il n'est pas parvenu encore à les faire partager à son ami.

— Non, non, mon cher parent, — répliqua Armand avec agitation ; — mais, de grâce ! que signifient ces étranges apprêts ? Quelle est cette femme que je vois là-bas prosternée à cet endroit fatal ?...

— Armand, il s'agit d'une expiation au lieu même où de grandes fautes ont été commises... L'une des coupables est prête ; son complice voudra-t-il se joindre à elle ?

— Au nom du ciel ! monsieur, cessez de me parler par énigmes... Cette femme, quelle est-elle ?

— On ne songe pas à vous cacher ce secret plus longtemps... C'est une pauvre créature, autrefois innocente et pure, dont vous avez flétri l'existence, dont vous avez abusé la jeunesse candide. Réduite au désespoir, elle osa attenter à ses jours ; mais elle fut sauvée miraculeusement des eaux par mon fils qui l'avait suivie de loin...

— Elle a été sauvée ! c'est donc vrai !... Ah ! Ravaud, que de douleurs vous m'eussiez épargnées depuis six ans si vous m'aviez permis d'observer, du haut du rocher Blanc, les suites de la terrible catastrophe dont le hasard m'avait rendu témoin !... Mais qu'importe, puisqu'elle existe ? Tout est oublié, tout est pardonné. Conduisez-moi près d'elle, monsieur le comte. Mais pourquoi se cache-t-elle ? pourquoi ne paraît-elle pas s'apercevoir de ma présence ?

— C'est qu'aujourd'hui les remords sont venus ; elle voudrait cacher la rougeur de son front à celui-là même qui fut cause de sa honte. Elle ne montrera son visage qu'après avoir obtenu au pied des autels la réparation à laquelle elle a droit, et qu'elle attend...

— Marchons, monsieur, je suis prêt ! — dit Verneuil impétueusement.

— Un moment, colonel, pas tant de précipitation ! — s'écria Ravaud avec chaleur ; — on n'épouse pas comme ça, le conjungo sur la gorge, sans avoir eu le temps de se retourner... L'empereur ne plaisante pas, et, quand il apprendra le sot mariage qu'on veut vous faire contracter, il sera fort irrité, je vous en avertis.

— Il y a quelque chose, — dit monsieur de Rancey sévèrement, — qui parle plus haut que le plus puissant prince du monde, c'est la voix de l'honneur et de la conscience... Armand de Verneuil, vous devez un époux à la malheureuse fille séduite ; vous devez un père à votre enfant.

— Mon enfant ! — répéta Verneuil les larmes aux yeux ; — ah ! je n'hésite pas... Galatée et mon enfant me tiendront lieu de tout le reste.

Il prit le vieillard par le bras et l'entraîna vers la tente. Ravaud se décida à les suivre en grommelant :

— On s'arrachera la moustache qu'il n'en serait que ça ; voyons donc comment finira la comédie. Pauvre Armand ! épouser *une ancienne* !... Quel traquenard infâme !

A l'approche du colonel, les assistans s'étaient levés ; le vicomte lui serra furtivement la main, la vicomtesse lui adressa un sourire ; la dame voilée seule n'avait fait aucun mouvement. Quand Verneuil vint s'agenouiller en silence sur le coussin vide à sa droite, elle parut éprouver un léger tremblement, et elle s'affaissa comme si elle allait tomber à la renverse ; mais, par un effort de volonté, elle se redressa aussitôt et reprit son immobilité de marbre.

— Galatée, ma chère Galatée, vous que j'ai tant pleurée, vous m'êtes donc rendue ? — murmura Armand à son oreille.

Une respiration précipitée agita le voile épais qui couvrait l'inconnue ; mais elle ne répondit pas.

Sur un signe du comte, le prêtre monta à l'autel et la cérémonie commença.

Il y avait quelque chose de grandiose dans cette pompe religieuse au milieu d'une campagne solitaire. Le soleil, déjà sur son déclin, pénétrait sous ce dôme de pourpre, à travers les longs rideaux entr'ouverts, et faisait étinceler la croix d'or, les ornemens splendides de l'autel, les vêtemens sacrés de l'officiant. A la voix grave et sonore du prêtre se mêlait le chant lointain des oiseaux, le frémissement de la brise dans les saules tremblans, le clapotement léger du lac contre ses rives. Armand et sa compagne semblaient absorbés par la majesté de cette scène. Derrière eux, Charles, à genoux, ses deux petites mains jointes, marmottait une prière naïve ; le comte, son fils et sa fille étaient prosternés sur le tapis. Les autres assistans, au milieu desquels Ravaud lui-même avait pris place, restaient groupés un peu à l'écart, dans une attitude pleine de piété.

Rien ne troubla le recueillement général jusqu'au moment où Verneuil dut offrir l'anneau nuptial à sa future épouse. Dégageant lentement son bras des voiles qui l'enveloppaient, elle avança une main blanche, d'une forme divine. Le colonel, tremblant lui-même, passa la bague en cornaline, dont il a été parlé tant de fois, au doigt de sa fiancée ; puis, cédant à un transport irrésistible, il porta vivement à ses lèvres cette main chérie. La dame voilée s'empressa de la retirer avec confusion, en murmurant :

— Oubliez-vous donc que vous êtes en présence de Dieu ?

Le trouble d'Armand augmenta encore en entendant cette voix dont les inflexions lui étaient si connues. Son enivrement n'avait pas eu le temps de se dissiper, quand le prêtre lui demanda, selon l'usage :

— Armand de Verneuil, consentez-vous à prendre pour femme... *Louise de Sancy ?*

Le colonel pâlit et se leva d'un bond.

— Louise de Sancy ! — répéta-t-il avec indignation, — on me trompe, on s'est joué de moi... Jamais ! jamais !

Cet éclat subit parut consterner une partie de l'assemblée. Cependant le prêtre impassible attendait gravement que le fiancé eût repris sa place, et monsieur de Rancey se contentait de sourire avec ironie. La vicomtesse, qui se trouvait le plus près d'Armand, lui dit à demi-voix :

— Colonel, prenez garde... c'est un sacrilège !

— Si je commets un sacrilège, — reprit Verneuil avec énergie, — que la faute en retombe sur ceux qui se sont joués de ma crédulité !... J'en demande pardon à cette jeune fille inconnue, complice involontaire sans doute de cette honteuse supercherie ; mais ce mariage ne s'accomplira pas.

Plusieurs voix s'élevèrent pour donner à Armand des explications, mais elles furent toutes couvertes par celle plus forte et plus animée de Ravaud :

— Louise de Sancy ! — s'écria-t-il, — ceci change joliment la thèse... Laissez-vous faire, Verneuil... épousez, morbleu ! Pour cette fois, j'en réponds, on joue de franc jeu !

Mais le colonel, exaspéré d'un pareil abus de confiance, n'écoutait pas ; le scandale menaçait de se prolonger ; la fiancée, immobile jusque-là comme une statue, parut enfin s'animer. Elle écarta son voile et montra à Verneuil un beau et noble visage inondé de larmes. L'effet de cette action fut instantané ; les passions violentes qui crispaient

le front d'Armand s'effacèrent tout à coup ; il retomba à genoux en disant :

— Pardonnez-moi, mon Dieu ! j'ai douté un moment de mon bonheur... Il est si grand !

Le silence se rétablit aussitôt dans l'assemblée ; l'officiant recommença ses questions, et la cérémonie s'acheva sans autre contre-temps.

A peine les dernières paroles sacramentelles étaient-elles prononcées, que monsieur de Rancey se leva :

— Armand de Verneuil, — dit-il avec solennité, en prenant la nouvelle épouse et le petit Charles par la main, — vous pouvez maintenant embrasser votre femme et votre fils... Vous n'avez plus à rougir d'eux et ils n'ont plus à rougir de vous.

Galatée était déjà dans les bras de son mari, qui délirait de joie. Puis vint le tour de l'enfant, que le père et la mère dévoraient de caresses. Les assistans contemplaient avec attendrissement cette scène touchante.

— Ma chère Galatée, — disait le colonel dans une sorte d'extase, — c'est donc toi ?... Tu es vivante, tu es ma femme, tu es la mère de mon enfant ?... Oh ! pourquoi m'as-tu laissé si longtemps dans l'affreuse conviction que tu n'existais plus ? Pourquoi surtout, depuis mon retour au val Perdu, t'es-tu plu à me torturer, à faire saigner mes blessures ?

— Ne m'accusez pas, Armand, — répliqua Galatée avec chaleur ; — pendant les terribles épreuves de ces derniers jours, je souffrais autant et plus que vous peut-être ; mais notre réunion était au prix de ma soumission. Nous avions trop cruellement offensé notre vénérable tuteur pour ne pas respecter ses volontés, tout impitoyables qu'elles paraissent...

— Madame de Verneuil a raison, — dit le comte de Rancey ; — seul je suis coupable des mesures extrêmes, mais salutaires, dont vous vous plaignez, et j'ai eu besoin d'une grande énergie pour assurer votre bonheur comme je l'entendais. Il me fallait me raidir contre mes douleurs et contre les vôtres ; j'avais à résister aux représentations incessantes de mes propres enfans ; ce matin encore, j'ai reçu à bout portant une bordée un peu brutale du capitaine Ravaud.— Cependant j'ai tenu bon, et j'ai eu la satisfaction de voir tout réussir selon mes vœux.

— Mais, encore une fois, monsieur, pourquoi ces mystères ? Pourquoi, pendant ces six années, ne m'avez-vous pas rappelé mon devoir, qui était de donner mon nom à mon enfant et de rendre à Galatée la considération du monde ? Pourquoi, depuis mon retour, cette fantasmagorie nocturne, ces incidens romanesques ?...

— Réfléchissez un peu, mon cher colonel ; le lendemain même du combat de Rosenthal, vous quittâtes le pays. Depuis ce temps vous avez été forcé de suivre les armées françaises d'une extrémité à l'autre de l'Europe ; à quoi eût donc servi cet avertissement ? D'ailleurs j'ignorai longtemps que vous fussiez persuadé de la mort de Galatée, et votre silence augmentait encore mon irritation contre vous ; plus tard seulement j'ai appris que vous vous croyiez certain d'avoir vu périr d'une façon tragique la pauvre bergère du val Perdu. Je vous laissai cette conviction, pensant avec raison qu'elle produirait sur vous une impression forte, favorable à mes desseins. Cependant les terribles catastrophes que votre présence avait fait éclater dans ma petite colonie m'avaient éclairé sur la folie de la réclusion à laquelle je m'étais condamné avec ma famille. Après un rêve délicieux de quinze ans, je me réveillais entre ma pupille déshonorée et le cadavre sanglant de mon fils aîné... Je fis un retour sur moi-même ; des réflexions cruelles, des remords vinrent m'assaillir ; je m'accusais de tous ces malheurs que je n'avais pas pu prévoir. J'avais voulu refaire une société dans l'idéal et la poésie, l'inexorable réalité l'avait brusquement anéantie. Je revins donc au terre-à-terre des idées reçues ; je répudiai de décevans mensonges ; les barrières que j'avais élevées entre le monde et moi furent pour toujours renversées. Après avoir uni mon fils et la plus jeune de mes pupilles, je les conduisis en France avec Galatée. Là, ils reçurent l'éducation dont je n'avais pu les priver qu'en les déshéritant d'un droit sacré... Hélas ! si je n'avais pas opiniâtrement méconnu ce devoir, Lysandre vivrait peut-être encore, et serait devenu mon orgueil et ma joie ! — La voix du vieillard s'altéra à ce souvenir, et il garda un moment le silence. — Mais à quoi bon revenir sur ces tristes événemens ? — reprit-il enfin avec plus de calme ; — votre fiancée, colonel Verneuil, fut instruite en vue du rang qu'elle devait occuper plus tard dans le monde, quand elle serait reconnue pour votre femme : vous apprécierez bientôt les nombreux talens qu'a acquis pour vous plaire l'ignorante bergère Galatée. Mais si l'on s'est efforcé de la rendre digne de vous, c'était un devoir aussi de constater si vous étiez vraiment digne d'elle. Je vous savais inconstant, léger, et j'avais cru reconnaître en vous une grande ambition ; avant de vous confier le sort de ma pupille, je voulais juger si l'affection que vous aviez montrée pour elle était vive et profonde comme une passion, ou frivole comme ces liaisons éphémères que les militaires oublient si vite ; je voulais m'assurer surtout si l'amour de la gloire, les goûts changeans et l'humeur vagabonde inhérens à votre profession n'étoufferaient pas les sentimens de famille. Telle est la cause des diverses épreuves que vous avez eues à subir depuis votre retour ici et dont vous vous êtes tiré à votre avantage. Je vous ai trouvé pénétré de la conscience de vos fautes, fidèle au souvenir d'une femme qui s'était donnée à vous avec abnégation ; votre cœur m'a laissé entrevoir des trésors de tendresse paternelle pour le pauvre enfant innocent dont vous ignoriez encore l'existence... vous voyez le résultat de mes observations.

Ce que monsieur de Rancey n'avouait pas, mais ce que l'on a compris sans doute, c'était que les malheurs dont Armand de Verneuil avait été l'occasion au val Perdu avaient laissé dans le cœur du comte de sourdes et tenaces rancunes. Ce sentiment avait fini par s'affaiblir avec le temps, mais il avait duré jusqu'au moment où le vieillard avait été désarmé par la douleur et la résignation de sa victime.

Le colonel devina peut-être la vérité ; mais il se garda bien de le faire paraître.

— Oublions le passé, mon digne parent, — dit-il avec une cordialité respectueuse ; — je suis trop heureux maintenant pour m'informer par quels chemins je suis arrivé au comble de mes vœux. Quelles que soient les voies par lesquelles vous nous avez conduits tous, soyez béni pour notre joie présente.

Cependant Ravaud allait et venait autour de la tente d'un air d'anxiété véritable. Il profita d'un moment favorable pour tirer le colonel un peu à l'écart et lui demander d'un ton perplexe :

— Par charité, Verneuil, dites-moi donc qui, décidément, vous avez épousé ? Est-ce votre bergère d'autrefois, ou la riche demoiselle Louise de Sancy ?

Armand se mit à rire.

— Ma foi ! mon cher Ravaud, — répliqua-t-il, — je vous avouerai bonnement que je n'en sais rien. Seulement, j'adore ma femme et je l'adorerai toute ma vie.

Le capitaine fit un bond.

— Quoi ! vous ignorez ?... Par exemple, voilà du nouveau ! C'est à n'y pas croire, sur ma parole !

Monsieur de Rancey soupçonna de quoi il s'agissait, et s'avança en souriant :

— Ah ! ah ! — dit-il, — je vois que le capitaine Ravaud, toujours positif, s'attend à de nouvelles explications... Eh bien ! que ferait-il s'il avait la certitude que son ami a réellement épousé Louise de Sancy ?

— Je donnerais de bon cœur ma bénédiction aux époux ma bénédiction, et je me plaindrais seulement qu'on n'eût pas attendu l'empereur pour bâcler convenablement la chose.

Tous les assistans semblaient s'amuser fort de l'étonnement du brave Ravaud ; Armand seul le partageait encore.

— En vérité, mon cher parent, — balbutia-t-il, — je vous avoue que je ne puis comprendre...

— Vous ne comprenez pas que les pupilles du comte de Rancey, connues de vous autrefois sous les noms d'Estelle et de Galatée, portent dans le monde ceux de Louise et Ernestine de Sancy ? — répliqua le vieillard avec gaieté. — Je savais votre ignorance à cet égard, Armand, et j'en ai profité pour vous dérouter et vous amener à mes fins.

— Mais l'empereur ? — répéta l'opiniâtre Ravaud, — comment l'empereur s'est-il mêlé de tout ceci ?

— Rien de plus simple : Je suis allé récemment à Paris, et j'ai causé de mes plans avec mon ancien ami le ministre Z..., qui me promit d'intéresser l'empereur à ce mariage. Tout ce qui a été fait et dit pour vous décider à partir, mon cher colonel, était concerté d'avance entre monsieur Z... et moi. Quand vous entriez dans son cabinet, j'en sortais par une autre porte. Aussitôt que votre départ pour Rosenthal a été décidé, je me suis mis moi-même en route avec Louise, afin de vous précéder ici. Maintenant que tout a réussi, je puis donner au colonel, et surtout à son ami, qui s'intéresse particulièrement à ces détails, connaissance d'une pièce que monsieur le bailli, ici présent, voudra bien consigner dans le contrat de mariage.

Il tira de son portefeuille un papier de grand format sur lequel il lut :

« L'empereur approuve que, pour les raisons à lui données, le mariage du colonel Armand de Verneuil avec mademoiselle Louise de Sancy soit célébré sans retard en Suisse. Il accorde au colonel de Verneuil cent mille francs de dot, sur son domaine privé, avec le titre de baron pour lui et ses héritiers.

» Signé, NAPOLÉON. »

Et plus bas :   « Le ministre Z***. »

Verneuil et Ravaud étaient stupéfaits. Tout à coup le capitaine jeta son chapeau en criant d'une voix de Stentor :

— Vive l'empereur ! — Mais il se calma aussitôt, et se retournant vers monsieur de Rancey : — Ah ! monsieur le comte, — lui dit-il tout confus, — j'ai été bien coupable envers vous, et...

— N'en parlons plus, capitaine, — interrompit le vieillard en lui serrant la main ; — vous m'avez en effet traité un peu rudement, mais les amis comme vous sont rares, et il faut bien leur passer quelque chose... Maintenant écoutons le contrat de mariage que va nous lire le bailli de Rosenthal. Vous verrez que le colonel n'a pas fait encore un aussi mauvais mariage que vous le pensez en épousant Galatée.

Le contrat fut lu en effet et signé sur un banc rustique. Louise de Sancy apportait à son mari une dot de six cent mille livres en propriétés.

Pendant que la famille se livrait à la joie la plus vive, Guillaume s'approcha timidement du colonel :

— Eh bien ! monsieur le baron, — lui dit-il avec son humble politesse, — je vous avais bien prévenu qu'il ne faudrait rien pour étonner de rien.

Et la petite vicomtesse, se glissant sournoisement vers Armand, murmurait avec malice :

— Mon frère, c'est cette fois que vous allez vous faire berger !

Trois jours après, la famille entière partit pour Paris. Armand voulait présenter sa femme à l'empereur et le remercier de ses bienfaits. Le journal de la cour impérial annonça à grand bruit que l'illustre famille de Rancey avait été reçue en audience solennelle aux Tuileries.

Armand était général de division, et allait obtenir le bâton de maréchal de France, quand il fut tué glorieusement à Waterloo.

FIN DU VALLON SUISSE.

www.ingramcontent.com/pod-product-compliance
Lightning Source LLC
LaVergne TN
LVHW022149080426

835511LV00008B/1343